Der
Zwischenstreit unter den Parteien.

Ein Beitrag zur Erläuterung der Reichs-Civilprozeß-Ordnung

von

Dr. F. Schollmeyer,
Privatdocenten an der Universität Halle.

I. Abtheilung.

Berlin.
Verlag von J. Guttentag
(D. Collin).
1880.

Vorbemerkung.

Man hat gerathen, bei Erörterung des Zwischenstreites unter den Parteien auf das gemeine Recht zurückzugehen und an den Begriff der Incidentstreitpunkte anzuknüpfen. Denn ohne Zweifel beruhe die Theorie des Zwischenstreits auf gemeinrechtlicher Basis.[1])

Da ich bei der nachfolgenden Arbeit, deren I. Abtheilung ich hiermit der Oeffentlichkeit übergebe, diesen Rath der Anknüpfung an den gemeinen Proceß nicht befolgt habe, so empfiehlt es sich, die Gründe vorauszuschicken, welche mich bestimmt haben, von dem gemeinen Proceß gänzlich abzusehen.

In dieser Hinsicht kommt zunächst die ungemeine Dürftigkeit des Quellenmaterials in Betracht. Denn wenn auch in den römischen Rechtsquellen der Ausdruck: „quaestio incidens" vorkommt,[2]) so geschieht dies doch nicht in technischer Bedeutung.[3]) In den canonischen Rechtsbüchern allerdings findet sich der Ausdruck: quaestio oder causa incidens bereits als technische Bezeichnung für jede im Laufe des Rechtsstreits auftauchende Streitfrage, welche nicht den ursprünglichen Gegenstand desselben ausmacht, sei diese Frage nun proceßrechtlicher oder materiellrechtlicher Natur.[4]) Diese Bedeutung ist jedoch viel zu weit und unbestimmt, als daß sie für die Begriffsbestimmung des Zwischenstreites unter den Parteien irgend wie verwerthet werden könnte.

Enger ist nun freilich die Bedeutung des Ausdrucks „quaestio incidens" bei den Glossatoren. Unter ihnen entstand nämlich die

---

[1]) Vergl. die Bemerkung in den Beiträgen zum deutschen Recht von Rassow und Küntzel Bd. II. S. 429.

[2]) l. 1 u. 3C. 3, 8.

[3]) Wetzell, System S. 875.

[4]) Vergl. c. 9 X. de in integr. rest. 1, 41. u. c. 3 X. de don. int. V. et Ux. 4, 20. c. 38 X de test. 2, 20.

Streitfrage, ob und in wie weit das Erkenntniß in der Hauptsache auch über quaestiones incidentes rechtskräftig werde. Bei Entscheidung dieser Frage unterschied man die quaestiones incidentes in solche, „quae proprie incidentes sunt“ und solche „quae sunt et appellantur emergentes.“ Unter den ersteren verstand man alle auf das materielle des Rechtsstreites bezüglichen einzelnen Fragen, welche im Laufe des Processes auftauchen, unter den letzteren aber processualische Streitpunkte. Eine Verfolgung der in dieser Richtung von den Glossatoren aufgestellten Ansichten erscheint aber um deswillen wenig lohnend, weil der fragliche Unterschied immer nur mit Bezug auf die Frage nach der Rechtskraft der quaestiones incidentes erörtert wird.[1])

So bliebe denn nur noch die gemeinrechtliche Doctrin über Incidentstreitpunkte. Indessen auch sie ist für die Theorie des Zwischenstreites unter den Parteien wegen ihrer Unbestimmtheit nicht weiter verwerthbar. Darauf deutet schon die variirende Ausdrucksweise der Hand- und Lehrbücher: „Incidentsachen, Incidentpunkte, Incidentverhandlungen, Incidentstreitigkeiten“ hin.[2]) Dazu kommt, daß die gemeinrechtliche Doctrin in dieser Lehre von dem Begriff der Nebensachen unter Anlehnung an die Lehre von der materiellen Connexität ausging und von diesem Ausgangspunkte aus auch ihre Grundsätze über die processualische Behandlung der Incidentsachen aufstellte.[3])

---

[1]) Vergl. z. B. Pilii de ord. iudic. P. II. § 24 (edid. Bergmann, Göttingen 1842). Dem Pilius folgt Hugolinus Presbyterus unter Verweisung auf Joannes Bassianus. Siehe: Dissensiones dom. S. 570 von Haenel herausgegeben. Vergl. über die ganze Frage: Buchka: Die Lehre vom Einfluß des Processes auf das materielle Rechtsverhältniß. Bd. II. S. 170 ff.

[2]) Vergl. die Lehr- und Handbücher des gemeinen Civilprocesses von: Danz (V. Auflage 1821) § 53, Gönner (Erlangen 1804) Bd. I. S. 527, Schmied (Kiel 1843) Th. I. S. 40, von Linde (VII. Auflage) S. 70, Renaud S. 367. Ferner: Morstadt, gemeiner deutscher Civilproceßschlüssel S. 44, Martin, Vorlesungen über die Theorie des deutschen gemeinen bürgerlichen Processes, Leipzig 1855 Bd. I. S. 211.

[3]) Vergl. Planck, die Mehrheit der Rechtsstreitigkeiten im Proceßrecht, Göttingen 1844, S. 339 u. § 41, ferner: Bayer, Theorie der summarischen Processe (7. Auflage) S. 10. Eine präcisere Begriffsbestimmung der Incident-Streitpunkte suchen zu geben: Gönner (siehe Anm. 1) u. W. H. Puchta, der Dienst der deutschen Justizämter (Erlangen 1829) Th. I. S. 178, vergl. auch Endemann, Lehrbuch S. 570.

Das Gesagte wird genügen, um das Außerachtlassen der gemeinrechtlichen Incidentstreitpunkte für die Theorie des Zwischenstreites unter den Parteien nach Seiten seines Inhaltes zu rechtfertigen. Und daß erst recht nach Seiten seiner processualischen Behandlung ein Zurückgehen auf die gemeinrechtlichen Incidentstreitpunkte beziehentlich Incidentsachen fruchtlos sein würde, wird sich in der folgenden Abtheilung dieser Schrift, welche ich in Kürze nachfolgen zu lassen gedenke, ergeben.

Halle, im August 1880.

Inhalts-Uebersicht.

S. 22. — Aber schon vorher kann über die Compensationsforderung Zwischenurtheil ergehen. S. 23. — Bedürfniß zur Erlassung eines solchen. S. 24 u. 25. — Und auch nachdem die Compensationsforderung Theil des Streitgegenstandes geworden, — was durch Aburtheilung derselben im Endurtheil geschieht — kann in 2. Instanz noch Zwischenurtheil über dieselbe ergehen. S. 26. — II. bei den Präjudicialincident=Feststellungsansprüchen. S. 26—31. — Denn in diesen Fällen wird durch die Erlassung eines Zwischenurtheils an Stelle eines Theilurtheils die Gefahr sich widersprechender rechtskräftiger Entscheidungen vermieden, S. 27 u. 28, — während andererseits die Gründe, aus denen der Erlaß eines Theilurtheils über aliquote Theile des Streitgegenstandes als Regel vorgeschrieben ist, bei Präjudicialincident=Ansprüchen nicht Platz greifen. S. 29. — Zu diesen Ansprüchen sind die Klagen auf Anerkennung des Eigenthums an Grundstücken auch bei vorhandenem Grundbuchsystem zu rechnen. Weißmanns Ansicht. S. 29 u. 30. — Auch über den Grund eines Anspruchs kann noch Incidentklage auf Feststellung dieses Grundes erhoben werden. S. 30.

§ 4. Die Verweisung des Präjudicialincident=Anspruchs zum besondern Proceß. S. 31—36.

Die Zulässigkeit der Verweisung ergibt sich aus § 136 Abs. 2 in Verbindung mit § 253 der R.C.P.O. S. 31. — Ja, der Richter ist sogar unter Umständen zur Vornahme dieser Verweisung verpflichtet. Barons Ansicht. S. 32 u. 33. — Jedoch darf im Fall durch Erhebung eines Präjudicialincident=Anspruchs die örtliche Zuständigkeit des angerufenen Gerichts berührt werden sollte, nicht etwa das Gericht sich für unzuständig erklären und den Präjudicialincident=Anspruch zurückweisen. Auch darf nicht der ganze Rechtsstreit an das Gericht des ausschließlichen Forums verwiesen werden. Vielmehr ist diese Verweisungsbefugniß nur bezüglich der Präjudicialincident=Klage oder Widerklage gegeben. S. 33 u. 34. — Tritt nun eine solche Verweisung ein, so ist in dem Processe, welcher den Präjudicialincident=Anspruch zum Gegenstande hat, ein Zwischenurtheil über die Präjudicialfrage unzuläßig, dagegen in dem ursprünglichen Processe, für welche das fragliche Rechtsverhältniß präjudiciell ist, gestattet. S. 34. — Aber auch in dem ursprünglichen Proceß ergeht dies Urtheil, dessen Inhalt das präjudicielle Rechtsverhältniß bildet, nicht über einen Theil des Streitgegenstandes. S. 35 u. 36.

§ 5. Selbständige Angriffs= und Vertheidigungsmittel als Inhalt von Zwischenstreiten. S. 36—46.

Fragstellung. S. 36 u. 37. — Praktisches Interesse, welches sich an die Zulassung der selbständigen Streitmittel als Zwischenstreits=Inhalt knüpfen könnte. S. 38. — Gegengründe. S. 39—46. — Gefahr der Verschleppung. S. 39. — Die Zulassung der selbständigen Streitmittel als Zwischenstreitspunkte würde sich mit einzelnen Bestimmungen des Gesetzes nicht vertragen. §§ 123, 426, 315 Abs. 2 der R.C.P.O. S. 40—45. — Resultat: die selbständigen Streitmittel sind ein für alle Mal vom Inhalt des Zwischenstreits ausgeschlossen. S. 45 u. 46.

§ 6. Begriff der selbständigen Angriffs= und Vertheidigungsmittel. a) das Gebiet derselben. S. 46—53.

Der Begriff des Angriffs- und des Vertheidigungsmittels setzt denjenigen des Angriffs beziehentlich der Vertheidigung als gegeben voraus. Deshalb scheiden Klage, Klagebeantwortung und Rechtsmittel aus, denn sie bilden und enthalten den Angriff beziehentlich die Vertheidigung selbst. S. 46 u. 47. — Sonderbestimmung des § 251 der R.C.P.O. bezüglich der Widerklage. S. 47 u. 48. — Angriffs- und Vertheidigungsmittel im Gegensatz zu den selbständigen Angriffs- und Vertheidigungsmitteln. S. 48. — Der preuß. Entwurf von 1864 und die Definitionen von Endemann und Struckmann und Koch. S. 49. — Die Widerklage gehört nicht zu den selbständigen Angriffs- oder Vertheidignngsmitteln. von Bülows Ansicht. S. 49 u. 50. — Abgrenzung der selbstständigen Streitmittel von den Zwischenstreitpunkten und Beschränkung derselben auf die **materialia causae**. S. 50. u. 51. — Gründe für diese Abgrenzung. S. 52 u. 53.

§ 7. Fortsetzung. b) Begriffsbestimmung. S. 54—64.

Nicht alle auf die **materialia causae** bezüglichen Streitpunkte sind selbstständige Streitmittel. Vielmehr nehmen die selbständigen Streitmittel die Mitte zwischen dem Anspruch (Streitgegenstand) und den sogen. Hülfsthatsachen ein. S. 54 u. 55. — Freilich ist es zu eng, wenn von Bülow den Begriff der selbständigen Streitmittel auf Klagegründe, Widerklagegründe, Einreden, Repliken und Dupliken beschränkt. S. 55. — Andererseits ist es zu weit, wenn Fitting jeden Rechtssatz, welcher auch nur im Zusammenwirken mit einem andern den Klageanspruch begründet, für einen Klagegrund im Sinne des § 137 der R.C.P.O. erklärt. S. 56 u. 57. — Dagegen bilden die sogen. Elemente des Urtheils den Ausgangspunkt für die Begriffsbestimmung der selbständigen Streitmittel. S. 58. u. 59. — Die Letzteren sind zu definiren als thatsächliche Anführungen, welche die Parteien zur Begründung oder Bekämpfung des geltend gemachten Anspruchs vorbringen und welche sich unter einem dem materiellen Recht angehörenden Rechtssatz zusammenfassen lassen. S. 60. — Fittings Definition der selbständigen Streitmittel. S. 61. u. 62. — Streitfrage: Muß den einzelnen Streitmitteln ein eigenes thatsächliches Fundament zu Gebote stehen? S. 63 u. 64.

§ 8. Das Gebiet des Zwischenstreites. S. 64—74.

Die Definition von Fitting. S. 65. — Das Gebiet des Zwischenstreites ist auf processualische Streitpunkte beschränkt, welche einen Theil des Processes bilden, d. h. 1) im Laufe und Zusammenhang des Processes nicht allein auftauchen, sondern auch erledigt werden. S. 66—68. — Stellung des ersuchten oder beauftragten Richters. S. 67. — und 2) auch der Sache nach in den Hauptproceß hineingehören. S. 68 u. 69. — Demgemäß scheiden aus: a) der Streit über den Antrag auf Sicherung des Bereiches. S. 69. — b) Streitigkeiten in der Executionsinstanz. S. 70. — c) der Streit um Anlegung eines Arrestes oder Anlegung einer einstweiligen Verfügung. S. 71 u. 72. — Was sind processualische Streitpunkte? S. 73 u. 74.

§ 9. Abwehr unzulässiger Einschränkungen. S. 76—81.

Der Zwischenstreit ist nicht zu beschränken auf das Beweisgebiet. S. 75. — In sein Gebiet fallen auch processualische Streitpunkte, welche nicht blos nach ihrem rechtlichen, sondern auch nach ihrem thatsächlichen Inhalt dem

Einleitung.

Die deutsche Civilproceßordnung enthält mehrfach Bestimmungen über den Zwischenstreit. Dieselben beziehen sich theils auf den Zwischenstreit zwischen einer oder beiden Parteien einerseits und einem Dritten andererseits,[1]) theils auf den Zwischenstreit unter den Parteien selbst, theils endlich enthalten sie gemeinschaftliche Vorschriften für beide Arten des Zwischenstreits, wie z. B. die Bestimmungen der §§ 123 u. 312 Abs. 2 der R.C.P.O.

Wann ein Zwischenstreit mit dritten Personen vorliegt und wann nicht, darüber ist man zwar noch nicht vollkommen einig.[2]) Aber bei weitem größere Unsicherheit und Meinungsverschiedenheit herrscht in der Beantwortung der Frage, was Zwischenstreit unter den Parteien sei. Das Gesetz selbst bestimmt die Fälle, in denen ein Zwischenstreit unter den Parteien entstehen kann, nicht principiell. Auch in den Motiven sind nur einzelne Beispiele angeführt; so namentlich die Verhandlungen über die Edition oder Echtheit von Urkunden, über die Zulässigkeit eines Beweismittels ꝛc. Gleichwohl sind praktisch wichtige Regeln über die Folgen eines Zwischenstreites aufgestellt, indem bei einem solchen die Anordnung eines Eides durch Beweisbeschluß und die Erledigung des Streites durch kontradiktorisches, beziehentlich Versäumniß-Zwischenurtheil für zulässig erklärt worden ist.[3])

Man kann nun innerhalb der verschiedenen Meinungen, welche über Begriff und Gegenstand des Zwischenstreites unter den Parteien bereits zu Tage getreten sind, zwei Richtungen unterscheiden. Die

---

[1]) §§ 68, 126, 352 der R.C.P.O.

[2]) Fitting, Lehrbuch S. 121, Anm. 2.; vergl. auch von Bülow in den Beiträgen zum Deutschen Recht Bd. XXII. S. 828 ff.

[3]) §§ 426 Abs. 1, 275 u. 312 Abs. 2 der R.C.P.O.

eine stellt es als Frage des einzelnen Falles hin, wann man von einem Zwischenstreite unter den Parteien reden könne und wann nicht. Diese Meinung wird zur Zeit wohl noch am häufigsten vertreten. Nach ihr ist der Zwischenstreit unter den Parteien nach Seiten seines Inhalts ziemlich unbegrenzt, indem es in das Ermessen des Richters gestellt sein soll, ob er diesen oder jenen Streitpunkt für einen Zwischenstreitpunkt erklären will oder nicht. Zu dieser Richtung bekennen sich namentlich Struckmann und Koch, Endemann und auch L. Seuffert.[1]) Die andere Richtung ist der Meinung, daß der Begriff des Zwischenstreites unter den Parteien nach Seiten seines Inhalts „ein fest gegebener und daher vom Willen des Gerichtes unabhängiger sei."[2])

Für die erstere Meinung scheinen folgende Gesichtspunkte zu sprechen:

1) Das sehr weitgehende in der R.C.P.O. statuirte richterliche Trennungsrecht. Im schriftlichen Prozeß bedarf es einer solchen Trennung nicht, denn dort ist der Richter auf Grund der Akten stets in der Lage, zu voller Beherrschung des thatsächlichen Materials zu gelangen. Anders im R.C.Proceß, welcher das Princip der Mündlichkeit in verstärktem Maße adoptirt hat. Denn wenn auch in ihm nach der R.C.P.O. Schriftsätze gewechselt werden, so haben dieselben doch einen wesentlich vorbereitenden Charakter und nur den Werth einer vorläufigen Aeußerung.[3]) Dies zeigt sich darin, daß in der mündlichen Verhandlung Seitens des Gerichts nur dasjenige beachtet wird, was die Parteien mündlich vortragen, selbst wenn es mit dem Inhalte der Schriftsätze in Widerspruch steht, und daß ferner die Einreichung der Schriftsätze in sofern fakultativ ist, als die Nichteinreichung keinen Nach-

---

[1]) Struckmann und Koch S. 259. Anm. zu § 275: „Ob im Uebrigen ein Streitpunkt als Zwischenstreit zu behandeln, folgt nicht sowohl aus der Natur der Sache (wie bezüglich der Zwischenstreitigkeiten mit Dritten), sondern ist Sache einer verständigen Proceßleitung im einzelnen Falle (vergl. § 315 Abs. 2)." L. Seuffert S. 335, Endemann S. 104.

[2]) Fitting, Lehrbuch S. 123, Anm. 5. In der 1. Auflage S. 89, Anm. 1 bekennt er sich noch zur entgegengesetzten Richtung. Von Bülow a. a. O. Bd. XXII. S. 813. Wach, Vorträge über die R.C.P.O. 1879 S. 88.

[3]) § 120 der R.C.P.O. Ausnahmen, in welchen den Schriftsätzen ein bestimmender Charakter beigelegt ist, insofern sie auch nach Seiten ihres Inhalts gewissen Erfordernissen entsprechen müssen, s. §§ 230, 479, 515 u. 305 der R.C.P.O.

theil in der Sache selbst zur Folge hat.[1]) Deshalb ist das richterliche Trennungsrecht in folgender Weise normirt:

Im Fall der subjektiven oder objektiven Klagencumulation können auf Anordnung des Gerichts die mehreren in einer Klage erhobenen Ansprüche in getrennten Processen verhandelt werden. Dasselbe gilt auch für den Fall, daß der Beklagte eine mit der Klageforderung nicht connexe Gegenforderung vorgebracht hat.[2]) Aber auch dann, wenn es sich nur um einen Anspruch handelt, kann im Interesse der Uebersichtlichkeit eine Trennung — zwar nicht in mehrere Processe, aber doch in verschiedene Verhandlungen — geboten erscheinen. Deshalb ist dem Gericht die Befugniß freigegeben, bei mehreren auf denselben Anspruch sich beziehenden, selbstständigen Angriffs- oder Vertheidigungsmitteln (Klagegründen, Einreden, Repliken) die Verhandlung zunächst auf eines oder einige dieser Angriffs- oder Vertheidigungsmittel zu beschränken.[3])

Nun liegt es aber auf der Hand, daß damit das Interesse der Uebersichtlichkeit des Proceßmaterials noch nicht vollständig gewahrt ist. Denn auch wenn nur ein selbstständiges Angriffs- oder Vertheidigungsmittel vorliegt, kann doch im Uebrigen der Proceßstoff einen solchen Umfang annehmen, daß eine weitere Trennung von Nöthen erscheint. Dies Bedürfniß ist aber ein sich lediglich nach der Lage des einzelnen Falles bestimmendes und es liegt also die Annahme nahe, daß diesem Interesse in dem Institute des Zwischenstreites Rechnung getragen sei, womit die Motive insofern übereinstimmen, als sie bemerken, es lasse sich durch das Gesetz nicht absolut fixiren, in wie weit einzelne Verhandlungen unter den Parteien als Zwischenstreit anzuerkennen

---

[1]) § 90 der R.C.P.O.

[2]) § 136 der R.C.P.O.

[3]) Daß das Gericht auch im Falle der Klagencumulation die Trennung zu verschiedenen Verhandlungen, nicht nur zu verschiedenen Processen verordnen kann, erscheint mir unzweifelhaft, obwohl es im Gesetz nicht hervorgehoben ist. Es ergibt sich dies m. E. daraus, daß im § 273 der R.C.P.O. Theilurtheil zugelassen ist, sobald von mehreren in einer Klage geltend gemachten Ansprüchen nur der eine, oder nur ein Theil eines Anspruchs 2c. zur Endentscheidung reif ist. Denn ist das Theilurtheil erlassen, so ist ja dadurch die Verhandlung getrennt, indem nun über den nicht spruchreifen Theil weiter verhandelt werden muß. Vergl. auch § 274.

seien. „Die Verhandlungen über die Echtheit von Urkunden ꝛc. könnten sich zu einem Zwischenstreite gestalten." [1])

2) Die Bestimmung des Zwischenurtheils, den Proceß zu beschleunigen.

Der schriftliche Proceß hatte, um eine Verschleppung zu verhüten, mehr oder weniger scharfe Eventualmaxime. Die R.C.P.O. dagegen hat dieselbe wenigstens im Princip als mit der mündlichen Verhandlung, einem „seiner Natur nach zweiseitigem gleichzeitigen Verfahren" unvereinbar, aufgegeben. [2]) Gleichwohl aber kann der Proceß eines Ersatzes für den fraglichen Grundsatz nicht entbehren, weil es unthunlich erscheint, es in das Belieben der Partei zu stellen, durch Anführung von neuen Thatsachen den Proceß nach Gefallen in die Länge zu ziehen. Und wenn im Allgemeinen die Erkenntniß, der Gesetzgeber habe vor Allem darauf zu sehen, daß möglichst schnell den Parteien ihr Recht werde, sich immer mehr Bahn gebrochen hat, so ist dies Streben nach Beschleunigung auch namentlich in der R.C.P.O. trotz Fallenlassens der Eventualmaxime nicht zu verkennen. Deshalb darf das Gericht, sobald von mehreren in einer Klage geltend gemachten Ansprüchen nur der eine, oder nur ein Theil eines Anspruchs, oder bei erhobener Widerklage nur die Klage oder die Widerklage zur Endentscheidung reif ist, Theilurtheil erlassen. [3]) Deshalb ist das Theilurtheil der besondern Rechtskraft fähig. Deshalb ist es dem Gericht gestattet, der obsiegenden Partei, welche durch nachträgliches Vorbringen eines Angriffs- oder Vertheidigungsmittels die Erledigung des Rechtsstreits verzögert hat, die Proceßkosten ganz oder theilweise aufzuerlegen. [4]) Deshalb können endlich Vertheidigungs- und Beweismittel, welche von dem Beklagten nachträglich vorgebracht werden, sowohl in erster als zweiter Instanz auf Antrag zurückgewiesen werden, wenn durch deren Zulassung die Erledigung des Rechtsstreites verzögert werden würde und das Gericht die Ueberzeugung gewinnt, daß der Beklagte in der Absicht,

---

[1]) Motive S. 217.

[2]) §§ 251, 252 u. 256 Abs. 1 der R.C.P.O., vergl. jedoch auch §§ 247 u. 319 der R.C.P.O.

[3]) § 273 der R.C.P.O.

[4]) § 251 Abs. 2 der R.C.P.O.

den Proceß zu verschleppen, oder aus grober Nachlässigkeit die Vertheidigungsmittel nicht früher vorgebracht hat.[1])

Allein wenn dies die einzigen Cautelen gegen Verschleppung sein sollten, so würde man dem neuen Recht den Vorzug besonderer Schleunigkeit kaum vindiciren können. Denn der Beklagte muß es schon arg treiben, ehe der Richter der Ueberzeugung Raum geben wird, es liege bei ihm dolus oder culpa lata vor und ferner ist ja auch Antrag der Gegenpartei erfordert. Wären Parteien also einig, so könnten sie den Proceß sehr in die Länge ziehen, indem die Stellung des Antrages unterlassen wird. Der Richter kann aber unmöglich verpflichtet sein, nach Willkür der Parteien seine Zeit durch einen absichtlich in die Länge gezogenen Proceß hinzubringen. Deshalb kommt als weitere Cautel die dem Richter gewährte Möglichkeit von Zwischenurtheilen hinzu. Die Wirkung eines solchen Zwischenurtheils besteht hauptsächlich darin, daß wegen der Gebundenheit des Richters an das Zwischenurtheil bezüglich des durch dasselbe erfaßten Proceßstoffes in der laufenden Instanz keine neuen Anführungen zulässig sind.[2]) Zwischenurtheile sind nun gestattet, wenn ein einzelnes selbstständiges Angriffs- oder Vertheidigungsmittel oder ein Zwischenstreit zur Entscheidung reif ist.[3]) Da aber das Bedürfniß nach Erlassung eines Zwischenurtheils von der Lage des einzelnen Falles abhängig ist, so scheint auch hierin eine Bestätigung der Meinung zu liegen, daß das Gericht ganz nach seinem Ermessen den Proceßinhalt beliebig in Zwischenstreite zerlegen könne.[4])

Diese Ansicht läßt sich nicht damit widerlegen, daß bei dieser Auffassung die principiell verworfene Eventualmaxime in anderer Form durch eine Hinterthür wieder eingeführt werde und daß die Befugniß der Parteien, bis zum Schluß der mündlichen Verhand-

---

[1]) § 252 der R.C.P.O., vergl. auch die §§ 339, 367, 398, 502 u. 503 der R.C.P.O.

[2]) § 289 der R.C.P.O.

[3]) § 275 der R.C.P.O.

[4]) Siebenhaar spricht sich zu § 275 in der Frage nicht aus (vergl. auch Vorbemerkung S. 313), doch wird man ihn ebenfalls den Anhängern dieser Ansicht zurechnen müssen. In der Bemerkung zu § 253 erklärt er nämlich für die Klage oder Widerklage präjudicielle Incidentpunkte zu Gegenständen eines Zwischenstreites. Darunter können aber auch selbstständige Angriffs- oder Vertheidigungsmittel fallen.

lung neue Anführungen zu machen, doch nahezu illusorisch sei, wenn die Befürchtung vorliege, das Gericht werde diesen oder jenen Theil des Proceßstoffes herausgreifen und durch Zwischenurtheil erledigen. Denn der Gefahr willkürlicher Präclusion neuer Anführungen wird dadurch vorgebeugt, daß das Gericht die Verpflichtung hat, durch Fragen darauf hinzuwirken, daß unklare Anträge erläutert, ungenügende Angaben der geltend gemachten Thatsachen ergänzt und die Beweismittel bezeichnet, überhaupt alle für die Feststellung des Rechtsverhältnisses erheblichen Erklärungen abgegeben werden. Kurz, das Gericht hat dafür Sorge zu tragen, daß die Sache erschöpfende Erörterung finde und darf erst dann die Verhandlung schließen und zum Zwischenurtheil schreiten, wenn es der Ansicht ist, daß die Sache vollständig erörtert worden.

Dagegen scheinen mir andere gewichtige Gründe gegen die soeben als möglich dargestellte Auffassung zu sprechen, und ich trage kein Bedenken, die Meinung, welche den Zwischenstreit unter den Parteien als einen nach Seiten seines Inhalts fest gegebenen und daher vom Willen des Gerichts unabhängigen Begriff hinstellt, für die allein richtige zu erklären. Das soll im Nachfolgenden näher begründet werden.

Die Untersuchung wird sich demgemäß zunächst mit dem Zwischenstreit unter den Parteien nach Seiten seines Inhalts oder Stoffes beschäftigen. Sodann erst wird seine processualische Behandlung näher ins Auge gefaßt werden. Die Begränzung des Zwischenstreites nach seinem Inhalt wird uns aber zugleich zur Erörterung zahlreicher anderer proceßrechtlicher Begriffe führen.

I. Abtheilung.

Der Zwischenstreit der Parteien nach Seiten seines Inhalts.

§ 1.

Streitsache und Zwischenstreit.

Der Zwischenstreit steht naturgemäß in einem Gegensatz zum Rechtsstreit, weswegen auch im § 315 Abs. 2 beide einander gegenüber gestellt sind. Dem Wortlaut nach ist nun offenbar der Rechtsstreit das Allgemeinere. Innerhalb seines Rahmens muß auch der Zwischenstreit zu stehen kommen. Indessen das Wort „Rechtsstreit" hat einen zweifachen Sinn, einen materiellen und einen formellen. Rechtsstreit im materiellen Sinn bezeichnet die Streitsache. Im formellen Sinn aber ist Rechtsstreit gleich „indicium", gleich „Proceß". Wenn nun der Zwischenstreit den engeren Begriff bildet, so fragt es sich, ob er ein Theil der Streitsache, oder der processualischen Verhandlung, oder beides sei?

Wir haben uns vorläufig nur mit der ersten Frage, ob er ein Theil der Streitsache sei, zu beschäftigen.[1] Wer es lediglich der Proceßpolitik anheimgibt, diesen oder jenen Punkt für einen Zwischenstreit zu erklären, muß diese Frage bejahen, und es würde dann der gesammte Inhalt des Processes, wie er sich zusammensetzt aus einer Mehrheit von Einzelstreitigkeiten, aus Klagegründen, Einreden, Repliken &c., präjudiciellen Rechtsverhältnissen, und den processualischen Streitpunkten, in einzelne Zwischenstreite sich auflösen lassen. Man setze z. B., daß 100 M Darlehen zu 5 pCt. verzinslich eingeklagt werden. Hier würde das Gericht nach jener Meinung nicht nur über den Klagegrund, den Betrag und die

---

[1]) Bezüglich der zweiten Frage vergl. unten § 8 unter I.

Zinsen, sondern sogar über einzelne Theile der geforderten Gesammtsumme Zwischenstreite anordnen und dann das gefundene Resultat in einem Endurtheil zusammenfassen können.

Für diese Meinung ließen sich allenfalls anführen das bereits erwähnte richterliche Trennungsrecht und die Funktion des Zwischenurtheils, den Proceß zu beschleunigen.[1])

Indessen dagegen scheint mir Folgendes entscheidend in die Wagschaale zu fallen:

Man muß doch fragen, zu welchem Zwecke Rechtsstreit und Zwischenstreit einander gegenüber gestellt sein sollten, wenn der Rechtsstreit nichts Anderes wäre, als eine Summe von Zwischenstreiten. Daß dies nicht der Fall sein kann, ergibt sich schon daraus, daß dann von dem Princip der Einheit der mündlichen Verhandlung nicht gut die Rede sein könnte. Und was wäre das für eine unpassende Bezeichnung, wenn man einen Streit über einen Theil des geltend gemachten Anspruchs Zwischenstreit nennen wollte? Das entspräche aber auch der Absicht des Gesetzgebers keineswegs. Denn er bezeichnet ja das Urtheil über einen Theil des geltend gemachten Anspruchs geradezu als Theilurtheil,[2]) während der Zwischenstreit durch Zwischenurtheil erledigt wird.[3]) Die Erlassung eines Theilurtheils ist dem Gericht als Regel auch zur Pflicht gemacht, sobald ein Theil eines Anspruchs zur Endentscheidung reif ist. Dagegen ist der Erlaß von Zwischenurtheilen in das freie Ermessen des Gerichts gestellt und kann also nicht ebenfalls für Theile des geltend gemachten Anspruchs bestimmt sein. Zwar scheint Meyer[4]) dem Gericht allgemein, falls ein Theil des Anspruchs zur Endentscheidung reif ist, die Wahl zwischen Theil- und Zwischenurtheil lassen zu wollen. Indessen nach der Bestimmung des § 273 Abs. 2 der R.C.P.O., auf welche sich Meyer für seine Ansicht bezieht, ist dem Gericht nur gestattet, von Erlassung eines Theilurtheils Abstand zu nehmen, falls es diese nach Lage der Sache nicht für

---

[1]) Vergl. Einleitung S. 2 ff.

[2]) § 273 der R.C.P.O.

[3]) Ich will schon hier bemerken, daß nach meiner Auffassung die Möglichkeit, durch Zwischenurtheil erledigt werden zu können, wesentlich für die Begriffsbestimmung des Zwischenstreites ist. Die nähere Begründung dieser Meinung kann aber erst später erfolgen. Vergl. unten § 10.

[4]) Meyer, Anleitung zur Proceßpraxis S. 56 Anm. 4.

angemessen erachtet. Daraus folgt aber keineswegs, daß nun anstatt des Theilurtheils ein Zwischenurtheil erlassen werden kann. Gegen diese Annahme verwahren sich die Motive zu den §§ 452 bis 454 d. E. unter Nr. 3, wo von der Berufung gegen die in 1. Instanz erlassenen Endurtheile die Rede ist, ausdrücklich. Nach ihnen soll das Zwischenurtheil nur solche Streitpunkte entscheiden können, „welche sich nicht als Theile des Streitgegenstandes darstellen". Dies findet seine Bestätigung durch § 293 der R.C.P.O. Danach sind Urtheile der Rechtskraft insoweit fähig, als über den durch die Klage oder Widerklage erhobenen Anspruch erkannt ist. Nach dieser Bestimmung müßte das über einen solchen Anspruch resp. über einen Theil desselben ergehende Zwischenurtheil rechtskräftig werden. Nun sind aber Zwischenurtheile überhaupt der Rechtskraft unfähig und werden höchstens hinsichtlich der Rechtsmittel gleich den Endurtheilen behandelt.[1]) Nach alledem können nicht die durch Klage oder Widerklage erhobenen Ansprüche von ihnen entschieden werden.

Steht hiernach fest, daß Theile des Streitgegenstandes zum Inhalt eines Zwischenstreites nicht bestimmt sind, so wird die Begrenzung des letzteren an Sicherheit sehr gewinnen, wenn wir zunächst die Frage, was Streitgegenstand sei, zu lösen suchen.

§ 2.

Der Streitgegenstand.

Die Antwort auf die am Ende des vorigen Paragraphen aufgeworfene Frage scheint eine sehr einfache. Wenn der Rechtsstreit der Streit um ein Privatrecht ist, so ist, möchte man sagen, das streitige Privatrecht der Gegenstand des Rechtsstreits. Im Allgemeinen ist dies auch richtig, nur noch nicht genau genug. Wenn nämlich ein Privatrecht klageweise geltend gemacht wird, so hat zunächst Kläger die Voraussetzungen für die Entstehung desselben, sowohl im Allgemeinen als in seiner Person, nachzuweisen. Der Beklagte aber macht vielleicht Einreden geltend u. s. w., daher fragt es sich, ob alle Anführungen der Parteien, welche zur Begründung oder zur Abwehr des streitigen Privatrechts vorgebracht wurden, den Streitgegenstand ausmachen?

---

[1]) § 19 des Einf.-G. zur R.C.P.-O., § 248 u. § 276 der R.C.P.O.

Die Beantwortung dieser Frage ist identisch mit der Beantwortung der Frage nach dem Umfange der Rechtskraft. Denn nur solche Punkte, aber auch alle solche, deren Entscheidung die Rechtskraft beschreitet, sind als Theile des Streitgegenstandes aufzufassen. Nun bestimmt die R.C.P.O., daß Urtheile insoweit der Rechtskraft fähig sein sollen, als über den durch die Klage oder Widerklage erhobenen Anspruch entschieden ist. Darüber hinaus soll nur die Entscheidung über das Bestehen oder Nichtbestehen einer mittelst Einrede geltend gemachten Gegenforderung bis zur Höhe desjenigen Betrages rechtskräftig werden, mit welchem aufgerechnet werden soll.[1]) Nur so weit reicht also auch der Umfang des Streitgegenstandes. Danach ist vor allen Dingen der Begriff des Anspruchs im Sinne der R.C.P.O. festzustellen.

Dieser dem materiellen Recht angehörende Begriff ist bis in die neueste Zeit Gegenstand eingehender Untersuchungen gewesen, ohne daß jedoch Uebereinstimmung erzielt worden wäre.[2]) Auch die R.C.P.O. hat an dieser Unsicherheit nichts geändert, denn sie gibt keine Definition des Begriffs und die Folge hiervon ist, daß auch über den Begriff des Anspruchs im Sinne der R.C.P.O. bereits abweichende Meinungen sich gebildet haben. Dabei ist eine Neigung hervorgetreten, den Anspruch als „gestelltes Verlangen" zu bezeichnen.

So definiren Struckmann und Koch[3]) den Anspruch im Sinne der R.C.P.O. geradezu als das aus einer (behaupteten) Verletzung hervorgegangene Verlangen an den Gegner, welches mittelst des Rechtsstreits verwirklicht werden soll und sich in der Sachbitte ausdrückt. Und Fitting versteht unter Anspruch jedes von einer Person auf Grund eines bestimmten Rechtsverhältnisses an eine andere gestelltes Verlangen ....[4]) In letzterer Definition tritt allerdings nicht zu Tage, in welcher Weise das Verlangen gestellt werden soll, ob gerichtlich oder außergerichtlich, während man nach Struckmann und Koch annehmen sollte, wie es auch Wach[5])

---

[1]) § 293 der R.C.P.O.

[2]) Windscheid, actio S. 5 und Pandekten § 43. Thon, Rechtsnorm und subjektives Recht, Weimar 1878, S. 224 ff. Ryck, Die Obligatio, Leipzig 1878 S. 22 ff.

[3]) a. a. O. S. 124 Abs. 2.

[4]) Lehrbuch S. 102.

[5]) Vorträge S. 15.

gethan hat, daß nur das Verlangen, welches sich in der Sachbitte ausdrückt, also das durch Klage oder Widerklage bezieh. Compensationseinrede geltend gemachte Verlangen den Begriff des Anspruchs ausmachen solle. Allein dagegen verwahren sich Struckmann und Koch in der 3. Auflage ihres Commentars ausdrücklich, wobei die Sachbitte nur für die Folgerung erklärt wird, welche die Partei aus dem Anspruch als Obersatz ziehe. Mit dieser letzteren Wendung nun nähern sich Struckmann und Koch der Ansicht, welche ich im Anschluß an Windscheid und Wach bezüglich des Begriffes „Anspruch" auch nach der R.C.P.O. für die richtige halte. Denn sie geben damit ihren Vordersatz, daß der Anspruch ein Verlangen sei, auf. Dies liegt implicite in der neuerdings von Struckmann und Koch gewählten Formulirung. Denn es ist ja gar nicht nöthig, daß der Sachbitte ein anderes Verlangen voraufging, und dann muß doch wohl der Anspruch als Obersatz der Sachbitte etwas Anderes sein, als das aus einer (behaupteten) Verletzung hervorgegangene Verlangen an den Gegner. Und so ist es auch in der That. Weder das Verlangen als Handlung, noch das Verlangen im Sinne des Verlangten gibt den Begriff des Anspruchs. Vielmehr bedeutet „Anspruch" nichts Anderes, als das Recht zu verlangen. In diesem Sinne ist auch im § 106 der R.C.P.O. von Anspruch die Rede, indem der armen Partei ein Anspruch auf Bewilligung des Armenrechts zugebilligt wird. In diesem Sinne wird ferner mehrfach von „Geltendmachung" oder Erhebung von Ansprüchen gesprochen. Der geltend gemachte oder erhobene Anspruch wird also von den nicht geltend gemachten unterschieden. Namentlich hat man nach § 628 Abs. 2 einen Anspruch, bevor man ihn mit rechtlicher Wirkung geltend machen kann, also auch, bevor man ihn geltend gemacht, bevor man das Verlangen gestellt hat. Ist dies aber richtig, so kann man unter „erhobenem Anspruch" nur das Recht, welches und soweit es geltend gemacht wird, verstehen, und nur insoweit, als über dies durch Klage oder Widerklage geltend gemachte Recht in dem eben angegebenen Sinne erkannt wurde, tritt Rechtskraft ein.[1]) Es ist also keineswegs nothwendig, daß die

[1]) § 293 der R.C.P.O. Mit Recht macht Wach darauf aufmerksam, daß die Begriffsbestimmung des Anspruchs namentlich für die Frage, wann eine Erweiterung oder Beschränkung des Anspruchs vorliege, bedeutungsvoll ist.

Klage- oder Widerklage-Forderung mit dem zu Grunde liegenden Anspruch sich deckt. Höchstens wenn die volle Realisirung der Forderung erstrebt wird, ist Identität vorhanden. Wo dies nicht der Fall ist, da haben wir es nur mit Theilen der subjektiven Berechtigung zu thun.

Wenn dies der Begriff des Anspruchs im Allgemeinen ist, so bleibt im Einzelnen noch Folgendes zu bemerken. Die Theile der subjektiven Berechtigung werden unter sich verbunden durch den gemeinsamen Rechtsgrund. Gleichwie, wenigstens bei Obligationen, die Summe der Theile, das konkrete subjektive Recht,[1]) den Rechtsgrund mit enthält, so auch jeder einzelne Theil. Es ergibt sich daraus, daß das Recht, welches und insoweit es durch Klage- oder Widerklage geltend gemacht wurde, nicht auf eine bestimmte Summe, eine bestimmte Sache schlechthin, sondern nur auf die Summe oder Sache in ihrer Beziehung zum Rechtsgrund gerichtet ist. Der Rechtsgrund des geltend gemachten Anspruchs gehört also zum Streitgegenstand. Wer z. B. eine Darlehns- oder Kaufgelderforderung von 100 hat, der hat nicht einen Anspruch abstrakt auf 100, sondern nur auf 100 Darlehn beziehentlich Kaufpreis.[2]) Ueber diese 100 Darlehn oder Kaufpreis muß auch im Endurtheil erkannt werden. Sonst hätte die Rechtskraft derartiger Erkenntnisse keine große Bedeutung. Die exceptio rei iudicatae könnte jedenfalls nicht aus ihnen abgeleitet werden.

Anders verhält es sich mit dem Klagegrund in dem Sinne, in welchem die Motive diesen Begriff auffassen. Klagegrund soll die Gesammtheit der Klagethatsachen mit Einschluß der legitimatio ad causam sein. Wollte man nun den Klagegrund in diesem Sinn ohne Weiteres zum Streitgegenstand rechnen, so würden auch Thatsachen, welche ein präjudicielles Rechtsverhältniß ausmachen, zu ihm gehören. Präjudicielle Rechtsverhältnisse müßten dann also auch gemäß § 293 der R.C.P.O. rechtskräftig mit entschieden werden. Dies würde aber wegen § 253 der R.C.P.O.

Bekennt man sich zu der Fitting'schen Definition, so ist das Verlangen dasjenige, was den Anspruch abschließt, seinen Umfang bestimmt, und jede Erweiterung dieses Verlangens wäre auch eine Erweiterung des Anspruchs.

[1]) Ueber dingliche Rechte vergl. Windscheid, Pandekten § 43.

[2]) Vergl. Fitting S. 102.

offenbar unrichtig sein. Die Motive[1]) rechtfertigen die Auffassung, nach welcher die Entscheidung über präjudicielle Rechtsverhältnisse nicht ohne Weiteres rechtskräftig wird, damit, daß die Absicht der Parteien nur dahingehe, in diesem Processe nur über diesen, (d. h. den im petitum ausgedrückten) Streitgegenstand eine Entscheidung zu erwirken. Eine derartige Entscheidung ist natürlich nur in den seltensten Fällen ohne Erörterung gewisser Vorfragen möglich. So z. B. muß, wenn Jemand für sein Grundstück eine Servitut klagend in Anspruch nimmt, auch die Frage nach dem Eigenthum des Klägers an dem angeblich herrschenden Grundstück entschieden werden; allein rechtlich wird es so angesehen, als sei die Frage nach dem Eigenthum am herrschenden Grundstück gar nicht in Betracht gekommen. Sie bildet keinen Theil des Streitgegenstandes.

Dasselbe gilt von dem durch Einrede geltend gemachten Anspruch. Wenn z. B. Kläger von seiner Kaufgelderforderung 100 einklagt und der Beklagte die exceptio redhibitoria — also einen Anspruch auf Rescission des Vertrages — erhebt, so ist mit einer aus diesem Grunde erfolgenden Abweisung der Klage keineswegs rechtskräftig entschieden, daß der Kaufvertrag gar nicht mehr existire. Dem Beklagten könnte keineswegs die exceptio rei iudicatae entgegengesetzt werden, wenn er nun Klage auf Uebergabe des Kaufgegenstandes erheben wollte.[2])

---

[1]) Motive S. 227 nach Unger, System des allgemeinen österreichischen Privatrechts Bd. II. S. 628. (NB. Streit„punkte" in den Motiven ist Druckfehler. Es muß heißen: Streit„gegenstand".)

[2]) Vergl. Herzog in Busch's Zeitschrift für deutschen Civilproceß Bd. I. S. 416 ff. namentlich S. 425. Dagegen Fitting in derselben Zeitschrift Bd. II. S. 266 ff. M. E. scheitern die Fitting'schen Ausführungen, so scharfsinnig sie auch sind, an dem den Bestimmungen der R.C.P.O. über den Umfang der Rechtskraft zu Grunde liegenden Princip, daß dem Urtheil keine über den vermuthlichen Willen der Parteien hinausgreifende Tragweite verliehen werden dürfe. Demgemäß ist auch Fitting's Grundsatz, nach welchem durch eine rechtskräftige Entscheidung auch dasjenige rechtskräftig festgestellt werden soll, was mit logischer Nothwendigkeit aus ihr folgt, dahin einzuschränken, daß diese Folgen nur insoweit rechtskräftig entschieden werden, als sie zu dem Inhalt des Rechtsstreites gehörten. Deshalb ist es m. E. nicht zutreffend, wenn Fitting, im Fall Kläger von einer angeblich 2000 betragenden Kaufs- oder Darlehns-Forderung 1000 einklagte und abgewiesen wurde, weil überhaupt ein gültiger Vertrag nicht existire, annimmt, es sei nun rechts-

Endlich aber wird selbstverständlich die Entscheidung über einen, im Laufe eines Processes durch einfaches Gesuch geltend gemachten Anspruch nicht rechtskräftig, z. B. der Anspruch auf Edition einer Urkunde.

Demnach bildet also in der That der durch Klage, Widerklage oder Compensationseinrede erhobene Anspruch mit Einschluß des Rechtsgrundes den Streitgegenstand. Daß überhaupt nur in diesen Fällen in der R.C.P.O. von Anspruch die Rede sei, wie Endemann (a. a. O. Bd. I. S. 482 unten und 483 oben) meint, ist unrichtig. Nicht für die Anspruchseigenschaft ist die Geltendmachung durch Klage, Widerklage oder Compensationseinrede von Bedeutung, sondern für die Eigenschaft als Streitgegenstand.

Wenn bisher gesagt wurde, daß nur der auf die oben hervorgehobene Weise geltend gemachte Anspruch Streitgegenstand sei, so bedarf das doch noch näherer Bestimmung.

Es kann nämlich darauf nicht ankommen, ob der Anspruch von vorn herein in der Klage beziehentlich Widerklage erhoben, oder ob er nachträglich im Laufe des Verfahrens noch nachgebracht wird, wenn ihn das Gesetz nur dem sofort in der Klage beziehentlich Widerklage erhobenen Anspruch gleichstellt. Deshalb wird man ferner als Streitgegenstand zu betrachten haben:

1) Den Anspruch, welcher gemäß § 243 Abs. 1 der R.C.P.O. durch gültige Klageänderung erhoben wird.

2) Die durch Erweiterung der Parteianträge erhobenen Ansprüche. Diese Anträge werden regelmäßig bei Beginn der münd-

---

kräftig über die ganze Forderung der 2000 erkannt. Die ganze Forderung war gar nicht in lite. Kläger hatte ja ausdrücklich nur einen Theil geltend gemacht. Deshalb erstreckt sich die Prüfung des Gerichts nur auf die Höhe der geforderten 1000. Kläger verlangt eben nicht, wie Fitting will, schlechthin eine Entscheidung der Frage, ob er 1000 oder weniger, oder gar nichts zu fordern habe, sondern eine Entscheidung der Frage, ob er außer den nicht eingeklagten 1000 noch 1000 oder weniger oder gar nichts zu fordern habe. Dagegen halte ich die Meinung Fitting's, daß im Fall gegen eine Forderung von 1000 eine Gegenforderung von 2000 durch Compensations-Einrede geltend gemacht und als unbegründet verworfen wurde, die Entscheidung über die Compensationseinrede nicht nur in Höhe des der Klagforderung correspondirenden Betrages von 1000, sondern in Höhe von 2000 rechtskräftig werde, für durchaus zutreffend. Denn hier hatte in der That der Beklagte eventuell den ganzen Betrag der Gegenforderung zur Compensation gestellt. Vergl. darüber Fitting a. a. O. S. 281.

lichen Verhandlung gestellt,[1]) doch erlaubt der § 240 Nr. 2 der R.C.P.O. den Klageantrag, in der Hauptsache, d. h. bezüglich des Klageanspruchs oder auch in Bezug auf Nebenforderungen, d. h. bezüglich der Accessorien des Klageanspruchs, zu erweitern. Geschieht dies, so erhält der erweiterte Antrag den Streitgegenstand.

3) Die durch Präjudicialincident-Feststellungsklage erhobenen Ansprüche. Nach § 253 der R.C.P.O. ist es nämlich bis zum Schlusse derjenigen mündlichen Verhandlung, auf welche das Urtheil ergeht, gestattet, daß der Kläger durch Erweiterung des Klageantrags und der Beklagte durch Erhebung einer Widerklage beantragt, ein im Laufe des Processes streitig gewordenes Rechtsverhältniß, von dessen Bestehen oder Nichtbestehen die Entscheidung des Rechtsstreits ganz oder zum Theil abhängt, durch richterliche Entscheidung festzustellen. Die Bestimmung hängt, wie aus den Motiven zu ersehen ist, mit den Bestimmungen der R.C.P.O. über die Rechtskraft der Urtheile zusammen. Da nämlich das Urtheil nur insoweit rechtskräftig werden soll, als über die Klage- oder Widerklage-Forderung erkannt ist, weil präsumtiv der Wille der Parteien nur in diesem Umfange auf ein rechtskräftiges Urtheil gerichtet sei, so mußte man unter Umständen, wo dieser Wille weiter geht, auch eine weiter gehende Rechtskraft zulassen. So gelangte man zur Gestattung der Incident-Feststellungsklagen nach § 253 der R.C.P.O.[2])

Aus dem Gesagten ergibt sich, daß unter der „richterlichen Entscheidung", durch welche das präjudicielle Rechtsverhältniß festgestellt werden soll, ein der Rechtskraft fähiges Urtheil zu ver-

---

[1]) §§ 128 und 269 der R.C.P.O.

[2]) Motive S. 225—228. Dieser Zusammenhang des § 253 der R.C.P.O. mit den Bestimmungen über den Umfang der Rechtskraft ergibt, daß in der That nach Absicht des Gesetzes Entscheidungen über Einreden nicht rechtskräftig werden sollen und daß es durchaus verkehrt ist, wenn Bolgiano (Handbuch S. 369) die bezüglich der Compensationseinrede getroffene Ausnahmebestimmung verallgemeinern will. Daß es sich hier um eine Ausnahmebestimmung handelt (§ 293 Abs. 2) geht namentlich auch daraus hervor, daß die Rechtskraft der Entscheidung über die Compensationseinrede nur unter Beschränkung pro concurrente summa zugelassen wird. Auch macht Wach (a. a. O. S. 106) mit Recht darauf aufmerksam, daß eine Ausdehnung dieser Ausnahmebestimmung auch nur auf andere „rechtsverfolgende" Einreden einer Vereitelung der auf Ausschließung der Rechtskraft der Entscheidungsgründe gerichteten Tendenz des Gesetzes gleichkommen würde.

stehen ist. Kann dies aber nicht bezweifelt werden, so handelt es sich in der That in solchem Falle um neue Ansprüche, die also auch nach § 254 der R.C.P.O. rechtshängig werden und demgemäß zum Streitgegenstand gehören.

Schließlich noch ein Wort über die Proceßkosten. Sie sind ebenfalls Gegenstand eines Anspruchs, über welchen rechtskräftig erkannt werden muß. Es handelt sich demnach in einem Proceß stets um eine Mehrheit von Rechtsstreitigkeiten, wobei allerdings die eigenthümliche Natur der Proceßkosten zu beachten ist. Es wird einmal geltend gemacht der Hauptgegenstand des Processes mit seinen Accessionen, d. h. das streitige Privatrecht, um dessen Willen das Gericht zur Entscheidung angegangen wurde und außerdem als ein zu diesem Hauptgegenstand mit Accessionen hinzutretender secundärer Anspruch, der Proceßkostenpunkt. Daß diese Auffassung des letzteren als eines Nebenpunktes auch im Sinne der R.C.P.O. liegt, scheint mir daraus hervorzugehen, daß nicht die Frage, wer die Kosten zu tragen hat, sondern wer Recht oder Unrecht habe, den eigentlichen Gegenstand des Streites bildet. Erst aus der Entscheidung dieser Frage folgt die Entscheidung über die Proceßkosten; denn der unterliegende d. h. der in der Hauptsache unterliegende Theil soll auch die Kosten des Processes tragen.[1]) Auch ist jedenfalls im § 56 der R.C.P.O., wo von der Rechtsgemeinschaft in „Ansehung des Streitgegenstandes" die Rede ist, nur der primäre Streitpunkt, um dessen Willen der Kläger die gerichtliche Entscheidung anrief, zu verstehen. Und endlich auch gelten bezüglich des Kostenanspruchs im Vergleich zu den übrigen Ansprüchen mehrfache Eigenthümlichkeiten. So z. B. bedarf es gar keines Antrages, um ein Erkenntniß über die Proceßkosten herbeizuführen,[2]) gleichwie der Kläger nicht berechtigt ist, die Klage bezüglich des secundären Streitpunktes der Proceßkosten fallen zu lassen. Das Alles ändert aber nicht die Natur der Proceßkosten als Streitgegenstand[3]) und demgemäß kann die Frage, wer die Proceßkosten zu tragen hat, niemals Gegenstand eines Zwischenurtheils oder gar Zwischenstreites sein. Eben-

---

[1]) § 87 der R.C.P.O.

[2]) § 279 Abs. 2 der R.C.P.O.

[3]) Daß die Proceßkosten zum Streitgegenstand gerechnet werden, ergibt sich aus der Bestimmung des § 4 der R.C.P.O.

sowenig aber wird eine Auferlegung von Theilen der Proceßkosten durch Zwischenurtheil und also noch weniger in einem Zwischenstreit geschehen können. Zwar möchte man hiergegen anführen wollen, daß gerade die Eigenschaft der Proceßkosten als eines Annexum des eigentlichen Streitgegenstandes gegen diese Meinung spreche, indem doch der Zwischenstreit ein Proceß innerhalb des Hauptprocesses sei, und also das den Zwischenstreit erledigende Zwischenurtheil sich auch zugleich über die Proceßkosten des Zwischenstreites verhalten müsse, gleichwie das den Hauptproceß erledigende Endurtheil sich zugleich auf die Hauptproceßkosten erstrecke. Indessen eine Bestimmung, daß der im Zwischenstreit unterliegende Theil auch die Zwischenstreitskosten tragen müsse, existirt nicht. Sie würde auch in der That mit der ganz allgemein lautenden Bestimmung des § 87 der R.C.P.O., nach welcher der unterliegende Theil die Kosten des Rechtsstreites zu tragen hat, nicht verträglich sein. Denn wenn eben der unterliegende Theil die Kosten des ganzen Rechtsstreites tragen soll, so kann der in der Hauptsache obsiegende Theil nicht die Kosten eines Zwischenstreites lediglich um deswillen tragen, weil er diesen Zwischenstreit verloren hat. Hätte diese analoge Anwendung der Bestimmung des § 87 der R.C.P.O. auf den Zwischenstreit in der Absicht des Gesetzgebers gelegen,[1]) so hätte der letztere nicht in § 91 der R.C.P.O. dem Gericht das Recht zusprechen dürfen, der in der Hauptsache obsiegenden Partei die Kosten dieses oder jenes von ihr vorgeschützten, aber erfolglos gebliebenen Angriffs- oder Vertheidigungsmittels aufzuerlegen. Denn zu den Angriffs- oder Vertheidigungsmitteln — nur nicht zu den selbstständigen, welches Merkmal aber in § 91 der R.C.P.O. nicht hervorgehoben wird — sind auch Zwischenstreitpunkte zu rechnen. Das Gericht hat also nicht die Verpflichtung, wohl aber die Berechtigung, derjenigen Partei, welche im Zwischenstreit unterliegt, die Kosten dieses Zwischenstreites aufzuerlegen. Daraus folgt aber noch nicht, daß dies in einem Zwischenurtheil geschehen kann. Die allgemeine Regel, nach welcher Theile des Streitgegenstandes nicht durch Zwischenurtheil erledigt werden können,[2]) spricht dagegen und ein practisches Bedürfniß, von dieser Regel abzuweichen, kann

---

[1]) Vergl. auch Motive S. 114.

[2]) Vergl. oben S. 8 u. 9.

ich nicht anerkennen. Vielmehr scheinen mir mehrfache Gründe gegen diese Abweichung von der Regel zu sprechen. Einmal setzt der § 91 selbst offenbar voraus, daß die Entscheidung über die Kosten eines Angriffs- oder Vertheidigungsmittels im Endurtheile erfolgt. Denn es ist die Absonderung der Kosten des Angriffs- oder Vertheidigungsmittels auch beim Obsieg in der Hauptsache gestattet. Ferner setzt der § 94 der R.C.P.O. ebenfalls voraus, daß die Entscheidung über den Kostenpunkt nicht in einem Zwischenurtheil erfolgte. Dies folgt, da Zwischenurtheile überhaupt nicht selbständig anfechtbar sind, daraus, daß die Anfechtung der Entscheidung über den Kostenpunkt für unzulässig erklärt wird, wenn nicht gegen die Entscheidung in der Hauptsache ein Rechtsmittel eingelegt wird.[1]) Schließlich aber ist gar nicht abzusehen, weshalb die Vorschrift des § 273 Abs. 1 der R.C.P.O., nach welcher über den urtheilsreifen Theil eines Anspruchs Theilurtheil erlassen werden soll, auf den Proceßkosten-Anspruch keine Anwendung finden soll. Der Umstand, daß dieses Theilurtheil, der Regel zuwider, nur in Verbindung mit der Entscheidung in der Hauptsache durch Rechtsmittel angefochten werden darf, kann doch nicht entgegenstehen. Entgeht man doch durch dieses Theilurtheil einer Gefahr, der man bei Erlassung eines Zwischenurtheils über einen Proceßkostentheil ausgesetzt sein würde, nämlich dieser, ein unvollständiges Endurtheil zu erlassen. Denn das Zwischenurtheil, welches sich über einen Theil der Proceßkosten verhält, müßte doch jedenfalls im Endurtheil wiederholt werden, was beim Theilurtheil nicht nothwendig ist.[2])

§ 3.

Ausnahmefälle, in denen Theile des Streitgegenstandes Inhalt eines Zwischenurtheils sein können.

Nach den bisherigen Ausführungen können Theile des Streitgegenstandes nicht durch Zwischenurtheil erledigt werden,[3]) woraus dann weiter gefolgert wurde, daß sie also auch nicht den

---

[1]) Diese Bestimmung bewirkt übrigens, daß die Entscheidung wegen der Zwischenstreitskosten für die obsiegende Partei so gut wie unanfechtbar ist.

[2]) Für die Zulassung eines Zwischenurtheils über Proceßkostentheile: Endemann I. S. 392 unten; Gaupp zu § 91 Bemerk. im 3. Absatz; Fitting a. a. O. S. 403.

[3]) Vergl. § 1 S. 8.

Inhalt von Zwischenstreiten bilden können, weil gemäß § 275 der R.C.P.O. der Zwischenstreit der Erledigung durch Zwischenurtheil fähig sein muß.[1]) Indessen von dieser Regel, daß ein Zwischenurtheil über Theile des Streitgegenstandes unzulässig ist, gibt es einige Ausnahmen.

Der Rechtsgrund — das fundamentum agendi praximum — ist nach dem oben Gesagten vom Anspruch untrennbar und gehört deshalb mit diesem selber zum Streitgegenstand. Er kann aber dennoch durch Zwischenurtheil festgestellt werden, wie sich aus § 137 u. § 275 der R.C.P.O. ergibt, wo der Ausdruck „Klagegrund" offenbar im Sinne von „Rechtsgrund" gebraucht ist. Man wird deshalb die oben citirte Aeußerung der Motive und die von uns aufgestellte Regel einschränken müssen. Dabei ist zu unterscheiden zwischen den quantitativen, oder wie man sie noch richtiger bezeichnen würde, aliquoten Theilen des Streitgegenstandes und seinen einzelnen Elementen; zu welchen letzteren namentlich der Rechtsgrund zu zählen ist. Die ersteren können regelmäßig nur durch Endurtheil erledigt werden. Die letzteren dagegen sind der Entscheidung durch das nicht rechtskräftig werdende Zwischenurtheil fähig.

Was sind aber quantitative Theile des Streitgegenstandes? Der Ausdruck stammt aus den Motiven zu § 273 der R.C.P.O., welcher sich über die Zulässigkeit eines Theilurtheils ausspricht.[2]) Danach ist mit quantitativer Theilung eine Theilung gemeint, bei welcher der Theil dem Ganzen gleichartig ist. Wenn also mehrere Ansprüche geltend gemacht werden, sei es in derselben Klage, sei es auch durch Klage und Widerklage oder Compensationseinrede, so würde der einzelne Anspruch einen quantitativen Theil des Streitgegenstandes bilden. Denn wenn auch der Inhalt des einzelnen Anspruchs vielleicht mit dem der übrigen Ansprüche ungleichartig wäre, so bestände doch insofern Gleichartigkeit, als der Streitgegenstand aus einer Summe von Ansprüchen besteht, und der Theil ein Anspruch ist. Gleichartigkeit würde aber auch dann vorliegen, wenn ein Anspruch in der Weise zerlegt

---

[1]) Vergl. unten § 10.

[2]) Die hannöversche bürgerliche Proceßordnung verstand in § 346 unter Theilurtheilen auch die über den Klagegrund oder überhaupt über einzelne Angriffs- oder Vertheidigungsmittel ergehenden Urtheile.

würde, daß nunmehr mehrere kleinere Ansprüche beständen. Z. B. 500 ℳ Darlehn werden eingeklagt. Der Beklagte gesteht 100 ℳ als geschuldet zu und bestreitet das Uebrige. Hier sind 500 ℳ Darlehn zerlegt in 100 und 400 ℳ Darlehn.

Aber selbst in dieser Beschränkung auf quantitative Theile ist die Regel, daß über Theile des Streitgegenstandes Zwischenurtheil unzulässig sei, nicht ohne Ausnahme, wie ich gleich zeigen werde. Diese Ausnahmen greifen soweit, als quantitative Theile des Streitgegenstandes zugleich die Natur selbstständiger Angriffs- oder Vertheidigungsmittel besitzen. Dies ist aber der Fall bei dem Präjudicialincident-Anspruch und bei dem durch Compensationseinrede erhobenen Anspruch. Beide sind insofern quantitative Theile des Streitgegenstandes, als sie je einen der mehreren rechtskräftig zu entscheidenden Ansprüche bilden, und die Summe der rechtskräftig zu entscheidenden Ansprüche den Streitgegenstand ausmacht. Sie sind aber auch zugleich selbständige Streitmittel (Klagegründe, Einreden, Repliken ꝛc.), über welche nach § 275 der R.C.P.O. Entscheidung durch Zwischenurtheil zulässig ist. Man hat also nur die Wahl, auch in jenen beiden Fällen ein Zwischenurtheil zuzulassen oder dem Gesetzgeber die Ungenauigkeit zur Last zu legen, daß er in § 275 versäumte, bei den eines Zwischenurtheils fähigen selbständigen Streitmitteln diejenigen auszunehmen, die zugleich Theile des Streitgegenstandes bilden.

Der Vorwurf der Ungenauigkeit wäre nun aber durchaus ungerechtfertigt. Denn es scheinen mir gute Gründe dafür zu sprechen, daß in der That über diese Ansprüche auch Zwischenurtheil zulässig ist.

I. Was zunächst die Compensationseinrede anbelangt, so wird man, obwohl die Motive sie auf eine Stufe mit der Widerklage stellen, doch daran festhalten müssen, daß sie vor allen Dingen Einrede ist und der durch Compensationseinrede erhobene Anspruch nicht dem durch Widerklage erhobenen in allen Stücken gleich behandelt werden kann. Diese Ansicht ist allerdings gegen die Meinung der Mehrzahl der Commentatoren, nichtsdestoweniger aber richtig.[1]) Zu jener gleichen Behandlung führt auch weder das Bedürfniß der Praxis, noch die Bestimmung des Gesetzes.

---

[1]) Den Standpunkt der Motive theilen u. A. Endemann a. a. O. zu § 293 S. 139. Puchelt a. a. O. § 235, wo die Motive ohne Aeußerung

Allerdings erscheint es durchaus nothwendig, daß der Gegner des Excipienten, wenn die Compensationseinrede zurückgewiesen[1]) — nicht zum besondern Proceß nach § 136 der R.C.P.O. verwiesen — ist, gegen eine abermalige Geltendmachung der zur Compensation gestellten Forderung geschützt werde. Denn es hat sich für den Excipienten nicht allein um Abwehr des gegnerischen Anspruchs, sondern zugleich auch um Befriedigung der eigenen Forderung gehandelt. In solchem Fall war es aber auch Absicht des Excipienten, daß „das Bestehen oder Nichtbestehen der compensando geltend gemachten Gegenforderung pro concurrente summa festgestellt werden solle". Deshalb bestimmt § 293 Abs. 3 der R.C.P.O., daß die Entscheidung über die Gegenforderung der Rechtskraft fähig sei, jedoch nur bis zur Höhe desjenigen Betrages, mit welchem aufgerechnet werden soll. Insoweit wird also allerdings die Compensationseinrede der Widerklage gleich behandelt.

Andererseits ist aber jene Absicht des Excipienten — eine rechtskräftige Entscheidung über die Gegenforderung pro concurrente summa herbeizuführen — sofern er nur zugleich die Klageforderung bestritten hat, stets eine eventuelle. Der Excipient will die Gegenpartei nicht von vorn herein um den Preis und durch Aufopferung seiner eigenen Forderung zurückweisen, sondern er will dies nur für den Fall thun, daß andere Mittel nicht fruchten. Dies ist selbst dann anzunehmen, wenn der Excipient die Compensationseinrede zugleich mit anderen Einreden vorschützt, denn er hat guten Grund, in omnem eventum die

---

eines Bedenkens abgedruckt sind. Seuffert a. a. O. zu § 235 S. 264 u 265, § 254 S. 296. Struckmann und Koch a. a. O. zu § 235 Bem. 1. Dagegen Fitting S. 144 Anm. 27.

[1]) Wenn die Compensationseinrede für begründet erachtet wurde, so kann der Gegner einer nochmaligen Geltendmachung der zur Compensation verwendeten Forderung nur mit dem Einwande, daß der Gläubiger bereits befriedigt sei, begegnen; dagegen existirt die excep. rei iudicatae in negativer Funktion nicht mehr. Daß diese namentlich nach bisherigem preußischen Proceßrecht nicht begründet war, ergibt sich vor allen Dingen daraus, daß der siegreiche Kläger bis zum Ablauf von 5 Jahren seit der Rechtskraft des Erkenntnisses geradezu auf den Weg nochmaliger Klage (im Mandatsproceß) verwiesen war, wenn er binnen eines Jahres nach dem Tage der Rechtskraft die Zwangsvollstreckung nicht wenigstens versucht hatte. Vergl. § 3 I. 24 und § 14 I. 28 der A.G.O.

Compensationseinrede sofort zu erheben, um sich nicht der Gefahr auszusetzen, als säumig mit den Kosten belastet oder als in culpa lata oder dolo befindlich gar mit der Einrede präcludirt zu werden. Es ergibt sich hieraus, daß es sich, wenn die Compensationseinrede erhoben worden, vorläufig nur um einen Einredeanspruch handelt, welcher noch nicht Theil des Streitgegenstandes ist. Diese letztere Eigenschaft erlangt der zur Compensation gestellte Gegenanspruch erst dann, wenn es sich herausstellt, daß wirklich nur durch Aufopferung der Gegenforderung der Anspruch der andern Partei zurückgewiesen werden kann. Deshalb wird auch erst in diesem Augenblick die Rechtshängigkeit der Compensationsforderung begründet. Wenn man dies nicht annehmen wollte, so würde man, wie Petersen[1]) nachgewiesen hat, zu ganz unhaltbaren Consequenzen gelangen. Es würde dann nämlich unmöglich sein, was doch die Motive gestatten, eine bereits anhängige Klageforderung noch zur Compensation zu benutzen, und es könnte auch umgekehrt eine bereits zur Compensation vorgeschützte Forderung wegen vorhandener Rechtshängigkeit nicht noch im Wege der Klage geltend gemacht werden. Ferner würde eine Gleichstellung der Compensationseinrede mit der Widerklage zu dem Resultate führen, daß die erhobene Compensationseinrede ohne Einwilligung des Gegners nur bis zum Beginn der mündlichen Verhandlung des Beklagten zur Hauptsache zurückgenommen werden könnte. Ja, man würde sogar zu der Annahme gezwungen sein, daß der Proceß über die durch Compensationseinrede rechtshängig gewordene Forderung fortdauere, auch wenn der Kläger, selbst unter Verzicht auf den eingeklagten Anspruch, die Klage zurücknähme. Denn die Widerklage nimmt selbst in diesem Falle ihren Fortgang.[2])

Wird also erst mit dem Augenblick, wo es sich herausgestellt hat, daß es für die Zurückweisung des gegnerischen Anspruchs in

---

[1]) Petersen in der Zeitschrift für deutschen Civilproceß, Jahrgang 1879 S. 93 ff. Vergl. darüber auch Eccius, in den Beiträgen. 1879 S. 742.

[2]) Nach § 243 Abs. 3 der R.C.P.O. hat die Zurücknahme der Klage zur Folge, daß der Rechtsstreit als nicht anhängig geworden anzusehen ist. Hieraus weiter zu folgern, daß also auch die Widerklage als nicht anhängig geworden anzusehen sei, weil dieselbe nach § 33 der R.C.P.O. nur bei dem Gericht der Klage erhoben werden könne und nach Zurücknahme der Klage vermöge Fiction ein Gericht der Klage gar nicht existire, halte ich für unrichtig. Denn

der That auf die Compensationseinrede ankommt, die Rechtshängigkeit des Compensations**anspruchs** begründet, so kann andererseits auch schon vorher das Begründet- oder Nichtbegründet-sein der Compensations**einrede** durch Zwischenurtheil festgestellt werden. Dieser Moment der Erlassung des Zwischenurtheils ist nämlich keineswegs identisch mit dem Augenblicke, in welchem es sich herausgestellt hat, daß die Compensationseinrede für den Ausgang des Processes ausschlaggebend ist. Ob Letzteres der Fall sei, ist eine ganz **andere** Frage, welche durch die Erlassung eines Zwischenurtheils gar nicht berührt wird. Das Zwischenurtheil entscheidet nur die Frage, ob die betreffende Einrede **begründet** sei oder nicht, und erst wenn das Gericht zu der Ueberzeugung gelangt, daß es für die Entscheidung des Processes auf die Aufrechnung der Gegenforderung ankommt, zieht es in dem Endurtheil die Schlußfolgerung, welche sich aus dem Begründet- oder Nichtbegründet-sein der Compensationseinrede für die gegnerische Forderung ergibt, d. h. es erkennt entweder, daß der Kläger abzuweisen, weil die Compensationseinrede durchgreife, oder daß der Beklagte zu verurtheilen, weil die Compensationseinrede zu verwerfen.

Man wird hiergegen einzuwenden geneigt sein, daß das Gericht doch immer erst dann in die Untersuchung über das Begründet- oder Nichtbegründet-sein der Gegenforderung eintreten werde, wenn sich deren Relevanz für das Endurtheil herausgestellt habe. Die Rechtshängigkeit müsse demgemäß auch schon mit diesem Zeitpunkt und also **vor** Erlaß eines Zwischenurtheils begründet sein. Indessen eine **definitive** Entscheidung über die Erheblichkeit der Gegenforderung für das Endurtheil ist mit dem Beginn der Untersuchung über das Bestehen oder Nichtbestehen der Gegenforderung noch nicht erfolgt. Die Ansicht des Gerichts darüber kann sich noch ändern. Vielleicht war das Spruch-Collegium in seiner damaligen Zusammensetzung der Meinung,

---

die Zurücknahme der Klage soll nur die **Folgen** der **Rechtshängigkeit** beseitigen. Die **Thatsache**, daß ein Gericht der Klage existirte, wird dadurch nicht aus der Welt geschafft und nur daran ist das Recht der Widerklage geknüpft.

Ueber die Wirkung der Litisrenuntiation nach dem Proceß der Preuß. Allg. Gerichtsordnung ist zu vergleichen: **Göschel** in der juristischen Wochenschrift für den preuß. Staat. Jahrgang 1835 S. 377, 387.

die Compensationsforderung gebe den Ausschlag für den Proceß; nun ist ein Mitglied ausgeschieden und es gelingt dem neu eingetretenen, die entgegengesetzte Anschauung zur Geltung zu bringen. In solchem Fall unterbleibt die Fortsetzung der Verhandlung über die Gegenforderung und es ändert daran nichts, daß das Gericht vielleicht gemäß § 136 der R.C.P.O. Verhandlung in abgesondertem Proceß angeordnet hatte. Denn auch diese Anordnung ist noch keine endgültige; das Gericht ist nach § 141 der R.C.P.O. befugt, die von ihm erlassenen, eine Trennung, Verbindung oder Aussetzung betreffenden Anordnungen wieder aufzuheben. Ja sogar dann, wenn bereits Zwischenurtheil über die Existenz der Gegenforderung erlassen war, darf das Gericht dieses Zwischenurtheil unberücksichtigt lassen.[1]) Denn wenn in § 293 Abs. 2 der R.C.P.O. die Entscheidung über das Bestehen oder Nichtbestehen einer mittelst Einrede geltend gemachten Gegenforderung für der Rechtskraft fähig erklärt wird, so ist offenbar vorausgesetzt, daß diese Entscheidung auch in einem der Rechtskraft fähigen Urtheil erfolgt. Auf Zwischenurtheile bezieht sich die fragliche Gesetzesbestimmung nicht.

Aber, wird man fragen, liegt denn überhaupt ein Bedürfniß zur Erlassung eines Zwischenurtheils über das Begründet- oder Nichtbegründet-sein der Gegenforderung vor? Wozu erst noch ein Zwischenurtheil, da doch naturgemäß die Gegenforderung erst verhandelt wird, wenn die Klageforderung sich als begründet herausstellt und dann der sofortigen Erlassung des Endurtheils nichts im Wege steht? Indessen, wenn das auch für die Regel richtig ist, so doch gewiß nicht immer. Wir setzen z. B. den Fall, daß der Kläger eine sehr weitläufig beweisbare Forderung von 100 geltend macht, der Beklagte aber dieselbe bestreitet und eventuell eine Gegenforderung von 50 zur Compensation stellt, welche vom Kläger anerkannt wird. Ein solches Anerkenntniß muß nach § 146 Nr. 1 der R.C.P.O. durch Aufnahme in das Protokoll festgestellt werden. Wenn das Anerkenntniß über einen Klage- oder Widerklage-Anspruch abgegeben wurde, so kann auf Antrag sogar ein vorläufig vollstreckbares Erkenntniß (End-

---

[1]) Consequenter Weise muß man hiernach auch nach Erlaß eines Zwischenurtheils dem Excipienten gestatten, die Compensationsforderung ohne Verlust seines Forderungsrechtes fallen zu lassen.

urtheil) über den anerkannten Anspruch erlassen werden;[1]) jedoch auf den Compensationseinreden-Anspruch finden diese Bestimmungen keine Anwendung. Und doch kann die sofortige richterliche Feststellung der Compensationsforderung auf Grund des Anerkenntnisses wünschenswerth sein, z. B. weil der Beklagte sie bei Verzögerung des Processes gesondert verfolgen will. Hier würde ein Zwischenurtheil, dahin lautend, daß die Gegenforderung für begründet zu erachten, durchaus am Platze sein. Denn das Enderkenntniß kann noch nicht gefällt werden, weil erst noch die Beweisaufnahme über die bestrittene Klageforderung stattfinden muß.

Aehnlich verhält es sich, wenn Beklagter principaliter die Compensationseinrede vorgeschützt und eventuell noch andere Einreden erhoben hatte. Auch hier kann, wenn sich die Compensationseinrede als unbegründet herausstellt, wegen der noch zu verhandelnden andern Einreden nicht sofort das Endurtheil erlassen werden. Das Bedürfniß der Sichtung des Proceßmaterials und die Absicht, den Folgen einer Aenderung im Richterpersonal vorzubeugen, können hier aber ebenfalls dahin führen, vorerst einmal durch Zwischenurtheil das Resultat der Beweisaufnahme über die Compensationsforderung zu fixiren.

---

[1]) Eine beiläufige Bemerkung sei hier gestattet. Von Canstein („Anerkennung und Geständniß" in der Zeitschrift für Deutschen Civilproceß 1879 S. 329) ist der Meinung, daß ein gerichtliches Anerkenntniß zu seiner Wirksamkeit stets die Gegenwart des Gegners voraussetze. Ich halte das nicht für richtig. Aus der Vorschrift, daß die geständige Partei auf Antrag dem Anerkenntnisse gemäß zu verurtheilen sei, folgt jedenfalls für die Abgabe des Anerkenntnisses das Erforderniß der Anwesenheit des Gegners noch nicht. Wohl aber spricht umgekehrt gegen dieses Erforderniß, daß der Gerichtsschreiber, mag der Gegner des Anerkennenden bei Abgabe des Anerkenntnisses anwesend sein oder nicht, von amtswegen das Anerkenntniß protokolliren muß. Denn es gehört doch jedenfalls nicht zu den Pflichten des Gerichtsschreibers, die Gegenwart der Parteien oder ihrer Vertreter während jeden Momentes der Verhandlung zu überwachen. Wenn aber Protokollirung ganz allgemein vorgeschrieben ist, soll dann etwa das Anerkenntniß wirkungslos sein, obwohl der Gegner, der sich im Moment der Abgabe des Anerkenntnisses auf einen Augenblick aus der Verhandlung entfernt hatte, nach genommener Kenntniß von dem Inhalt des Protokolls Antrag auf Verurtheilung stellte? Das für die Verurtheilung aufgestellte Erforderniß des Antrags läßt sich aber sehr gut daraus erklären, daß das Anerkenntniß an sich den Proceß beendigt. Denn wenn dies der Fall ist, so bedarf es selbstverständlich noch eines besonderen Antrages, um eine Verurtheilung des Gegners herbeizuführen.

Andererseits, wenn über die Compensationseinrede im Endurtheil erkannt wird, so tritt der Umstand, daß die Gegenforderung durch Einrede geltend gemacht wurde, mehr in den Hintergrund; der betreffende Anspruch ist nun in der That Theil des Streitgegenstandes geworden.

Das hat namentlich die volle Rechtshängigkeit der Compensationsforderung zur Folge. Der Excipient kann nunmehr nicht mehr beliebig über sie verfügen, er kann sie, falls der Gegner die Berufung einlegen sollte, namentlich nicht mehr fallen lassen. Es muß nunmehr definitiv in diesem Proceß die Existenz oder Nichtexistenz der Gegenforderung festgestellt werden, denn ihre Entscheidung ist integrirender Bestandtheil des Endurtheils.

Dadurch hat aber der Umstand, daß die Forderung durch Einrede geltend gemacht wurde, nicht alle Bedeutung verloren und deshalb greift auch noch in 2. Instanz der Grundsatz des § 275 der R.C.P.O. durch, nach welchem über Einreden durch Zwischenurtheil soll erkannt werden können.[1]) Wird ja doch der Proceß in der Berufungsinstanz als ein novum indicium behandelt,[2]) als eine Erneuerung und Wiederholung des Rechtsstreits vor einem andern Richter. Und bestimmt doch demgemäß der § 485 der R.C.P.O. ausdrücklich, daß auf das Verfahren die in 1. Instanz für das Verfahren vor den Landgerichten geltenden Vorschriften entsprechende Anwendung finden sollen. Gleichwie also ein Bedürfniß zur Erlassung eines Zwischenurtheils über das Begründet- oder Nichtbegründet-sein der Compensationseinrede in 1. Instanz sich herausstellen kann, ist dies auch in höherer Instanz möglich. Dann ergibt sich aber eben ein Zwischenurtheil über einen quantitativen Theil des Streitgegenstandes.

In gleicher Weise können nun

II. Rechtsverhältnisse, welche im Laufe des Processes streitig wurden und von deren Bestehen oder Nichtbestehen die Entscheidung des Rechtsstreits ganz oder zum Theil abhängig ist, einem Zwischenurtheil unterworfen werden, sollte auch Antrag auf richterliche Feststellung derselben gemäß § 253 der R.C.P.O. gestellt sein. Auch diese Rechtsverhältnisse haben in Folge der Erweiterung des Klageantrages eine doppelte Natur. Einmal sind sie, sobald

---

1) Vergl. § 137 des R.C.P.O.

2) S. 39 der Motive.

ihre richterliche Feststellung beantragt ist, Theil des Streitgegenstandes; zugleich aber kommen sie als Punkte in Betracht, deren Entscheidung durch Zwischenurtheil das Endurtheil über den von vorn herein erhobenen Anspruch vorbereiten würde. Denn Klagegründe, Einreden und Repliken u. s. w., welche nach § 275 der R.C.P.O. als selbständige Streitmittel dem Zwischenurtheil unterliegen, können auch in der Geltendmachung von für die Endentscheidung präjudiciellen Rechtsverhältnissen bestehen.

Nun möchte man vielleicht gegen die Zulässigkeit eines Zwischenurtheils in solchem Falle erinnern wollen, das Zwischenurtheil werde dadurch überflüssig, daß es gestattet sei, ein Theilurtheil über den Präjudicialincident=Anspruch zu erlassen. Wenn aber auch die Zulässigkeit des Theilurtheils in solchem Fall wohl zugestanden werden muß, so ist damit das Zwischenurtheil doch noch nicht überflüssig.

Das Erstere folgt daraus, daß der § 273 der R.C.P.O. für den Fall, daß von mehreren in einer Klage geltend gemachten Ansprüchen nur der eine, oder auch nur ein Theil eines Anspruchs, oder bei erhobener Widerklage nur die Klage oder Widerklage zur Endentscheidung reif ist, dem Gericht als Regel die Erlassung von Theilurtheilen vorschreibt. Denn da nach § 253 der R.C.P.O. die Präjudicialincident=Klage durch Erweiterung des Klageantrags erhoben wird, so sind auch die präjudiciellen Rechtsverhältnisse, deren richterliche Feststellung beantragt wurde, mit zu den mehreren in einer Klage erhobenen Ansprüchen zu rechnen, und man sollte deshalb den aus den Motiven stammenden Ausdruck „Präjudicialincident=Klage" zur Verhütung von Mißverständnissen lieber durch den andern „Präjudicialincident=Anspruch" ersetzen.

Das Letztere dagegen — die Zulässigkeit eines Zwischenurtheils über das präjudicielle Rechtsverhältniß trotz Erhebung des Antrags auf richterliche Feststellung desselben — dürfte sich aus Folgendem ergeben:

Da ein Theilurtheil über den Präjudicalincident=Anspruch zulässig ist, so wird dasselbe auch rechtskräftig. Gerade dieser letztere Umstand kann das Gericht nun bestimmen, von Erlassung eines Theilurtheils abzusehen, besonders wenn der durch das Theilurtheil zu erledigende Proceßstoff in so engem Zusammenhang mit dem übrigen Proceßinhalt steht, wie es bei präjudiciellen Rechtsverhältnissen der Fall ist. Das Theilurtheil birgt nämlich in sich die Gefahr widersprechender Entscheidungen. Wir setzen z. B. den Fall, daß Kläger für ein angeblich ihm gehörendes Grundstück eine Servitut geltend macht. Der Beklagte bestreitet das beanspruchte Recht und wendet ein, er sei selbst Eigenthümer des angeblich herrschenden Grundstücks. Der Kläger beantragt hierauf, sein Eigenthum an demselben durch Urtheil festzustellen. Dieser Antrag ist gerechtfertigt, denn ohne denselben würde die Entscheidung über das Eigenthum an dem herrschenden Grundstück nicht rechtskräftig. Soll nun aber das Gericht in solchem Fall Theilurtheil über die Eigenthumsfrage erlassen? Wenn das Gericht dies thut, so bejaht es vielleicht die Frage nach dem Eigenthum des Klägers an dem herrschenden Grundstück. Dann ist es an diese Entscheidung gemäß § 289 der R.C.P.O. für die Instanz gebunden und muß, wenn sich gegen die Zuständigkeit der Servitut für das Grundstück kein Bedenken herausstellt, demnächst dem Kläger die beanspruchte Servitut zusprechen. Gegen das 1. Theilurtheil ist aber möglicher Weise inzwischen Berufung eingelegt und dasselbe wird dahin abgeändert, daß das Eigenthum des Klägers an dem fraglichen Grundstück verneint wird. Unterbleibt nun die Eintragung der Berufung gegen das bezüglich der Servitut ergangene Erkenntniß, so haben wir zwei sich widersprechende Entscheidungen über denselben Punkt, deren eine dem Kläger ein Recht zuerkennt, dessen Voraussetzung die andere verneint. Freilich wird nun die in dem Erkenntniß über die Servitut enthaltene Bejahung der Eigenthumsfrage nicht rechtskräftig. Aber es lassen sich doch auch Fälle denken, in denen einander widersprechende Entscheidungen über einen und denselben Punkt rechtskräftig werden würden. Dies trifft z. B. dann zu, wenn ein Theil einer Vertragsschuld eingeklagt und zugleich Incidentantrag auf Feststellung des Bestehens des Vertragsverhältnisses erhoben wird. Hier wird das Gericht zur Vermeidung sich widersprechender Entscheidungen in der Regel gut thun, die Aburtheilung des Präjudicialincident-Anspruchs auszusetzen, wozu ihm der § 273 Abs. 2 der R.C.P.O. die Befugniß gibt.

Von dieser Befugniß Gebrauch zu machen, kann um so weniger Bedenken unterliegen, als die Gründe, aus denen der Erlaß eines Theilurtheils als Regel vorgeschrieben wird, bei Präjudicialincident-Ansprüchen nicht Platz greifen. Nach den Motiven nämlich soll durch das Theilurtheil der obsiegenden Partei eine baldige executivische Erledigung des spruchreifen Theils des Streitgegenstandes verschafft werden. Bei präjudiciellen Rechtsverhältnissen aber wird von einer an das Theilurtheil sich anschließenden Execution gar keine Rede sein können. Der Anspruch geht eben nur auf Feststellung des Rechtsverhältnisses, nicht auf Realisirung der aus einem solchen sich ergebenden Ansprüche. Wenn deshalb Zinsen eines Kapitals eingeklagt wurden, so folgt daraus, daß gemäß § 253 der R.C.P.O. das Bestehen der Kapitalsforderung festgestellt wurde, noch keineswegs, daß der Beklagte nun auch das Kapital bezahlen müsse.

Davon könnte höchstens für die Eigenthumsverhältnisse an Grundbuchobjecten eine Ausnahme vorzukommen scheinen. Denn wenn z. B. das Eigenthum des A. an dem Grundstück X durch Präjudicialklage festgestellt ist, während der Beklagte B. als Eigenthümer im Grundbuch eingetragen steht, so liegt die Annahme nahe, der Kläger könne auf Grund des sein Eigenthum feststellenden, rechtskräftigen Erkenntnisses die Berichtigung der Eigenthumseintragung im Grundbuch zu seinen Gunsten bewirken. Indessen, gleichwie die Feststellung des Eigenthums durch Präjudicialklage bei mangelndem Grundbuchsystem nicht sofort den Kläger berechtigt, executivisch seine Einweisung in den Besitz des fraglichen Grundstücks zu verlangen, er vielmehr in solchem Falle noch zur Anstellung der rei vindicatio genöthigt ist, ebensowenig kann er bei vorhandenem Grundbuchsystem die Berichtigung des Bucheigenthums auf seinen Namen beim Grundbuchrichter beanspruchen. Er muß vielmehr auch in solchem Falle Klage auf Gewähr des Bucheigenthums erheben, deren Anstellung ihm natürlich durch das sein Eigenthum feststellende Erkenntniß sehr erleichtert wird. Dies ist die Consequenz des Consensprincipes, nach welchem der Grundbuchrichter Eintragungen nur vorzunehmen berechtigt ist mit Bewilligung des Eingetragenen oder auf Grund eines, diese Bewilligung ersetzenden rechtskräftigen Erkenntnisses.[1])

[1]) So wenigstens nach dem preußischen Gesetz vom 5. Mai 1872, § 3, § 14 u. § 19. Es ist hiernach nicht ganz genau, wenn Weismann (die Feststellungsklage, Bonn 1879 S. 138) diese Klagen auf Anerkennung des Eigenthums ganz allgemein von den Feststellungsklagen ausscheidet, weil die Klage nicht lediglich Anerkennung, sondern Eintragung auf Grund der Anerkennung verfolge. Das ist möglicher, aber gewiß nicht nothwendiger Zweck. Denn daraus, daß der Beklagte verurtheilt wurde, das Eigenthum

Nach dem Gesagten wird das Gericht sehr oft die Erlassung eines Theilurtheils über präjudicielle Rechtsverhältnisse aussetzen und dann stellt sich natürlich sofort die Nützlichkeit der einstweiligen Erlassung eines Zwischenurtheils heraus. Dieses Zwischenurtheil hat allerdings dann, wenn das präjudicielle Rechtsverhältniß den Grund des Anspruchs ausmacht und dieser für begründet erklärt wird, insofern eine besondere Natur, als es durch Rechtsmittel angefochten werden kann. Daraus aber zu folgern, es bedürfe also in einem solchen Fall überhaupt nicht der Erhebung eines Präjudicialincident=Anspruchs und es handle sich demgemäß hier auch nicht um ein Zwischenurtheil über einen Anspruch als quantitativen Theil des Streitgegenstandes, wäre verfehlt. Denn das nach § 276 der R.C.P.O. über den Grund eines Anspruchs ergehende Urtheil ist trotz Zulässigkeit der Rechtsmittel immer noch Zwischenurtheil, wie sich besonders daraus ergiebt, daß unter Ignorirung desselben der Kläger noch in contumaciam mit seiner Klage abgewiesen werden kann, wenn er in dem zur Verhandlung über den Betrag anberaumten Termine nicht erscheint. Dazu kommt, daß es lediglich dem Ermessen des Gerichts anheimgegeben ist, ob es über den Grund eines auch seinem Betrage nach bestrittenen Anspruchs vorab entscheiden will. Deshalb ist auch hier die Erhebung des Präjudicialincident=Anspruchs für den Kläger von Wichtigkeit, um eine rechtskräftige Entscheidung über den Grund des erhobenen Anspruchs zu erlangen.[1])

---

des Klägers anzuerkennen, folgt nicht immer seine Verpflichtung, nun auch dem Kläger die Eintragung seines Eigenthums im Grundbuch zu gewähren. Es ist denkbar, daß zwischen Parteien ein Vertrag besteht, Inhalts dessen nach Analogie eines pactum de non petendo der Beklagte nicht verpflichtet sein soll, dem Kläger auch das Bucheigenthum zu gewähren, z. B. um den Kredit des Beklagten zu heben. Ist dies aber zuzugeben, so folgt daraus, daß der Zweck, zu welchem die Anerkennung des Eigenthums begehrt wurde, für die Frage, ob Anerkennungsklage oder nicht, schwerlich in Betracht kommen kann. Der Richter hat sich lediglich an das zu halten, was verlangt wird. Scheint es aber demselben, als ob der Kläger nicht lediglich Anerkennung, sondern Eintragung verlange, so ist ja vermöge des richterlichen Fragerechts (§ 130 der R.C.P.O.) Gelegenheit gegeben, auf eine Erläuterung unklarer Anträge hinzuwirken. Hier läge dann allerdings keine Anerkennungsklage vor.

[1]) A. M. Wach a. a. O. S. 110, welcher das nach § 276 der R.C.P.O. über den Grund eines Anspruchs vorab ergehende Urtheil für der Rechtskraft fähig erklärt.

Hiernach kann ich Seuffert[1]) darin nicht gänzlich beistimmen, daß ein Zwischenurtheil in den Fällen, in denen Theilurtheil an und für sich möglich ist, nicht soll erlassen werden können. Soweit sein hierfür angeführter Grund zutrifft, soweit in der That die Voraussetzungen des Zwischenurtheils andere sind, als die des Theilurtheils, hat er Recht. Dies ist aber nicht durchgehends der Fall, weil es Ansprüche gibt, welche zugleich die Natur selbständiger Angriffs- oder Vertheidigungsmittel haben.

§ 4.

Die Verweisung des Präjudicialincident-Anspruchs zum besonderen Proceß.

Mit den eben besprochenen Fällen ist derjenige nicht zu verwechseln, in welchen der Präjudicialincident-Anspruch auf Anordnung des Gerichts in besonderm Proceß verhandelt wird. Hier kann ein Zwischenurtheil ergehen, welches weder über Theile des Streitgegenstandes, noch über diesen selbst lautet.

Bevor ich jedoch dies nachweise, habe ich die Bedenken zu erledigen, welche gegen die Verweisung des Präjudicialincident-Anspruchs zu besonderm Proceß zu sprechen scheinen. Gegen die Zulassung der Verweisung möchte der innige Zusammenhang des Präjudicialincident-Anspruchs mit dem übrigen Proceßmaterial geltend gemacht werden und namentlich auch die Analogie des § 136 Abs. 2 der R.C.P.O., nach welchem die Befugniß, die Verhandlung mehrerer in einer Klage erhobenen Ansprüche in getrennten Processen anzuerkennen, bezüglich einer vom Beklagten geltend gemachten connexen Gegenforderung nicht Platz greifen soll. Jedoch der Abs. 1 des § 136 der R.C.P.O. gestattet ganz allgemein die Anordnung, daß mehrere in einer Klage geltend gemachte Ansprüche in getrennten Processen verhandelt werden sollen. Da nun der Präjudicialincident-Anspruch durch Erweiterung des Klageantrages erhoben wird, so findet auf ihn ebenfalls die fragliche Bestimmung Anwendung. Dies kann umsoweniger befremden, als der Kläger das Resultat der Trennung jedenfalls

---

[1]) a. a. O. zu § 273 Bemerk. Nr. 4, die in den Fällen der §§ 502 u. 562 ergehenden Urtheile sind keine Zwischenurtheile. A. M. Wach a. a. O. S. 89. Sie sind vielmehr provisorische Endurtheile, Urtheile, welche nach summarischer Cognition erlassen wurden.

dadurch erreichen kann, daß er von vorn herein Präjudicialklage nach § 231 der R.C.P.O. erhebt, sobald er nur in der Lage ist, sein rechtliches Interesse daran nachzuweisen, daß das betreffende Rechtsverhältniß durch richterliche Entscheidung alsbald festgestellt werde. Ja, es muß sogar behauptet werden, daß das Gericht unter Umständen zu einer Trennung des nachträglich erhobenen Anspruchs von dem ursprünglich geltend gemachten geradezu verpflichtet erscheint. Diese Verpflichtung tritt dann ein, wenn durch den nachträglichen Antrag auf Feststellung des präjudiciellen Rechtsverhältnisses die örtliche Zuständigkeit des angerufenen Gerichts berührt werden sollte; genauer: wenn für den Präjudicial-Incident-Anspruch ein Gerichtsstand, welcher auch nicht einmal durch Prorogation der Parteien geändert werden könnte, begründet ist, und zwar bei einem andern als dem angegangenen Gericht.[1]) Es klagt z. B. Jemand auf Anerkennung einer Reallast, welche ihm als Eigenthümer eines in einem andern Gerichtsbezirk gelegenen Grundstücks angeblich zusteht. Da der Beklagte einwendet, er sei selbst Eigenthümer des fraglichen Grundstücks, erhebt der Kläger Präjudicialincident-Klage auf Feststellung seines Eigenthums. Hier muß, da nach § 25 der R.C.P.O. für die Entscheidung der Eigenthumsfrage bezüglich des klägerischen Grundstücks das Gericht des Bezirks, in welchem dasselbe liegt, ausschließlich zuständig ist, von Amtswegen die Trennung bewirkt werden. Dies ist zwar von Baron[2]) bestritten worden, welcher ausführt, daß in § 253 der R.C.P.O. ein eigener Gerichtsstand des Sachzusammenhanges aufgestellt sei und daß demgemäß weder der Gegner die Einrede der Unzuständigkeit vorschützen, noch das Gericht sich von Amtswegen für unzuständig erklären dürfe; jedoch, wie mir scheint, mit Unrecht.

Die Ausschließlichkeit eines Gerichtsstandes hat, worauf Seuffert[3]) mit Recht aufmerksam macht, ihren Grund in Rücksichten des öffentlichen Rechts und namentlich der ausschließliche dingliche Gerichtsstand ist aus der Erwägung hervorgegangen, daß eine richtige Würdigung und eine sichere Feststellung der Rechtsverhältnisse des Grundeigenthums vorzugsweise von dem

---

[1]) § 40 Abs. 2 der R.C.P.O.

[2]) Zeitschrift für Deutschen Civilproceß 1879 S. 39 ff.

[3]) a. a. O. S. 295 a. E.

Richter der belegenen Sache zu erwarten sei.[1]) Deshalb ist auch ein pactum de prorogando für unzulässig erklärt, soweit ein ausschließlicher Gerichtsstand besteht, und deshalb wird man sich auch gegen die Vereitelung eines ausschließlichen Gerichtsstandes durch Zwischenfeststellungsklage erklären müssen.[2])

Daraus folgt nun aber keineswegs, wie Seuffert will, daß das Gericht sich für unzuständig erklären und die Präjudicial-incident-Klage oder Widerklage abweisen müsse. Eine derartige Abweisung würde die Interessen des Präjudicialincident-Klägers auf das Empfindlichste schädigen. Denn während ihm der § 253 der R.C.P.O. die rechtskräftige Feststellung des präjudiciellen Rechtsverhältnisses auf seinen Antrag garantirt, würde er sich in Folge einer solchen Abweisung genöthigt sehen, Klage gemäß § 231 der R.C.P.O. anzustellen und also sein Interesse an der alsbaldigen Feststellung des fraglichen Rechtsverhältnisses noch besonders nachzuweisen. Und wollte man es auch mit dem Nachweise des Interesses an der alsbaldigen Feststellung nicht streng nehmen und diesen Nachweis für dadurch geführt ansehen, daß der Gegner in dem primären Processe die Existenz des betreffenden Rechtsverhältnisses bestritten hat,[3]) so würden den Kläger doch noch andere Nachtheile treffen, z. B. daß die gesetzlichen Wirkungen der Rechtshängigkeit vorläufig ausgesetzt bleiben müßten.

Zur Vermeidung dieses Resultates könnte man daran denken, den ganzen Rechtsstreit an das Gericht des ausschließlichen Forums zu verweisen. Allein ein anderes erhebliches Bedenken scheint mir im Wege zu stehen.

Als zeitliche Grenze nämlich, bis zu welcher der Präjudicial-incident-Anspruch erhoben werden kann, ist nur der Schluß der mündlichen Verhandlung genannt.[4]) Deshalb kann vorkommenden Falles der Erhebung der Incidentklage eine weitläufige Beweisaufnahme bereits vorausgegangen sein. Die Folge der Ueberweisung würde aber sein, daß die ganze Beweisaufnahme wieder-

---

[1]) Motive S. 58 u. 59.

[2]) vergl. gegen Baron auch Reuling in K. Heymann's kritischem Litteraturblatt 1879 S. 13 ff. und neuerdings auch Petersen in der Zeitschrift für deutschen Civilproceß 1. Jahrgang 1880 S. 190 ff.

[3]) Bolgiano, Handbuch des Reichscivilproceßrechts, allgemeiner Theil 1879 S. 98 Anm. 7a.

[4]) § 253 der R.C.P.O.

holt werden müßte. Denn das Urtheil kann nur von denjenigen Richtern gefällt werden, welche der ihm zu Grunde liegenden Verhandlung beiwohnten.[1]) Deshalb scheint mir eine Ueberweisung des ganzen Processes unzulässig, zumal gar nicht abzusehen ist, wie das Gericht des ausschließlichen Gerichtsstandes dazu kommen sollte, auch den Principalanspruch mit zu erörtern. Wohl aber scheint es mir zulässig, die Präjudicialincident-Klage oder Widerklage vor das ausschließliche Forum zu verweisen. Denn mehr verlangt die Berücksichtigung des öffentlichen Interesses nicht, das eigentlich zuständige Gericht hat ebenfalls keinen Grund zur Beschwerde und das Interesse der Partei ist auch gewahrt.

Auf diese Weise ist dem § 253 völlig genügt. Derselbe gestattet unbedingt die Erhebung der Präjudicialincident-Klage im Laufe und beim Forum des Hauptprocesses. Ueber die Verhandlung ist insoweit keine Festsetzung getroffen, als ausschließliche Gerichtsstände competent sind. Mit andern Worten: Wenn für die Präjudicialincident-Klage ein von dem Forum des Hauptprocesses abweichendes, exclusives Forum vorhanden ist, so gibt das Gericht des Hauptprocesses die Präjudicialincident-Klage an das competente Gericht ab. Man hat es dann allerdings mit verschiedenen Processen zu thun, was ja aber auch gemäß des § 136 der R.C.P.O. eintreten kann; die ergehenden Urtheile sind nicht Theil-, sondern Haupturtheile.

In allen diesen Fällen wird man aber, wie schon bemerkt, nicht davon reden können, daß ein Zwischenurtheil über Theile des Streitgegenstandes oder über diesen selbst ergehe.

Denn wenn das Gericht den Präjudicialincident-Anspruch zu gesondertem Proceß verweist, so liegt es auf der Hand, daß in dem Processe, welcher den Präjudicialincident-Anspruch zum Gegenstande hat, ein Zwischenurtheil über die Präjudicialfrage rein unmöglich ist. Denn mit Erledigung der Präjudicialfrage würde auch der Proceß selbst erledigt sein, und dies kann nicht durch Zwischenurtheil geschehen. Wohl aber wird man in dem ursprünglichen Proceß, für dessen Erledigung das fragliche Rechtsverhältniß präjudiciell ist, ein Zwischenurtheil über die Präjudicialfrage zulassen müssen. Denn das Gericht ist nicht verpflichtet, die vorherige Erledigung des präjudiciellen Rechtsstreites abzuwarten.

[1]) § 280 der R.C.P.O.

Die Parteien haben jedenfalls kein Recht, Aussetzung zu verlangen. Einmal nämlich ist die Existenz der angeblich diesem Zwecke dienenden exceptio praeiudicii als generelle Einrede selbst für den gemeinen Proceß unhaltbar. Jedenfalls aber würde sie doch nur wegen eines erst in Zukunft möglichen Processes zuzulassen sein.[1]) Hier handelt es sich aber um zwei bereits anhängige Processe. Es könnte deshalb nur die Anwendung des sog. Präjudicialdecrets in Frage kommen, durch welches die minor causa bis zur Entscheidung der maior causa sistirt wird.[2]) Aber auch dies Decret ist nach § 139 der R.C.P.O. lediglich in das Ermessen des Gerichts gestellt, welches für den Fall, daß die Entscheidung des Rechtsstreites ganz oder zum Theil von dem Bestehen oder Nichtbestehen eines Rechtsverhältnisses abhängt, das den Gegenstand eines andern, anhängigen Rechtsstreites bildet, die Aussetzung der Verhandlung bis zur Erledigung des andern Rechtsstreites bestimmen kann.[3])

Aber selbst wenn das Gericht von dieser Aussetzungsbefugniß Gebrauch macht, was ja regelmäßig geschehen wird, ist das Zwischenurtheil in dem den Principalanspruch betreffenden Proceß noch nicht überflüssig geworden. Denn wenn das über den Präjudicialincident-Anspruch inzwischen in abgesondertem Proceß ergangene Erkenntniß der Entscheidung des Processes über den Principalanspruch zu Grunde gelegt werden soll, so muß dies doch in dem Proceß über den letzteren Anspruch ausgesprochen werden, und dazu ist ein Zwischenurtheil das durchaus geeignete Mittel.

---

[1]) Bülow, die Lehre von den Proceßeinreden S. 181 ff., und Wetzell, System § 64 bei Note 65a.

[2]) l. 54 D. de indic. 5. 1: Per minorem causam maiori praeiudicium fieri non oportet. Wetzell, System § 64 bei Note 65 und Bülow a. a. O. S. 121 ff.

[3]) Reuling in K. Heymann's kritischem Litteraturblatt 1879 S. 13 ff. hält die Fassung des § 139 der R.C.P.O. für zu eng. Für die Entscheidung von Präjudicialincident-Ansprüchen, welche vor ein ausschließliches Forum gehören, müsse die Vertagung zulässig sein, nicht blos bis zur Entscheidung eines wegen des Präjudicialpunktes bereits anhängigen, sondern auch bis zur Entscheidung eines deshalb beim zuständigen Gericht binnen richterlich zu bestimmender Frist noch anhängig zu machenden Rechtsstreites. Der § reicht aber vollständig aus, wenn man annimmt, daß der Präjudicialincident-Anspruch immer durch Erhebung vor dem Gericht des Hauptprocesses anhängig wird und rechtshängig auch bleibt, wenn er an das zuständige Gericht abgegeben wird.

Um ein Zwischenurtheil über einen quantitativen Theil des Streitgegenstandes handelt es sich in diesem Falle aber nicht. Denn nachdem der Präjudicialincident-Anspruch durch Verweisung zu besonderem Proceß aus dem Proceß über den Principalanspruch ausgeschieden ist, kommt das den Inhalt des ersteren Processes bildende präjudicielle Rechtsverhältniß in dem letzeren Proceß lediglich als Vorfrage, nicht mehr als Gegenstand eines (rechtskräftig zu entscheidenden) Anspruchs in Betracht.

§ 5.

Selbständige Angriffs- und Vertheidigungsmittel als Inhalt von Zwischenstreiten.

Wenn ich kurz den Inhalt der bisherigen Untersuchungen recapitulire, so stellt sich als Resultat heraus, daß regelmäßig quantitative Theile des Streitgegenstandes nicht Gegenstand eines Zwischenurtheils sein können. Eine Ausnahme bilden diejenigen Theile des Streitgegenstandes, welche zugleich als selbständige Angriffs- oder Vertheidigungsmittel in Betracht kommen, indem diese letzteren ganz allgemein in § 275 der R.C.P.O. als geeignete Gegenstände eines Zwischenurtheils bezeichnet sind. Es entsteht demnach die zunächst zu beantwortende Frage, ob diese selbständigen Streitmittel, weil der Entscheidung durch Zwischenurtheil fähig, darum allemal auch den Inhalt von Zwischenstreiten bilden?

Allerdings können Zwischenurtheile nur über solche Punkte erlassen werden, deren Entscheidung das Endurtheil vorbereiten würde, und es muß hiernach auch der Zwischenstreit einen derartigen Inhalt haben. Aber daraus folgt noch keineswegs, daß alle Punkte, deren Entscheidung das Endurtheil vorbereiten würde, den Inhalt eines Zwischenstreites ausmachen, und daß also die obige Frage zu bejahen wäre. Sie wird vielmehr umgekehrt zu verneinen sein, wegen der Art, wie die selbst. Angriffs- oder Vertheidigungsmittel und der Zwischenstreit in § 275 der R.C.P.O. einander gegenüber gestellt sind.

Diesen Gegensatz der selbst. Angriffs- und Vertheidigungsmittel zu den Zwischenstreitspunkten könnte man nur durch den Nachweis beseitigen, daß es sich in § 275 der R.C.P.O. um eine mangelhafte Redaction handle, indem die Bestimmung dieses §

eigentlich lauten müsse: „Ist ein selbständiges Angriffs- oder Vertheidigungsmittel oder ein sonstiger Zwischenstreitpunkt zur Entscheidung reif, so kann diese durch Zwischenurtheil erfolgen." Gelänge dieser Nachweis, so würde das Verhältniß zwischen selbst. Angriffs- oder Vertheidigungsmitteln und Zwischenstreiten dahin anzugeben sein, daß zwar jedes selbst. Streitmittel Zwischenstreitpunkt wäre, daß es aber auch noch andere Zwischenstreitpunkte gäbe, als die der selbständigen Angriffs- und Vertheidigungsmittel.

Allein einen derartigen Nachweis halte ich für unmöglich. Vielmehr ergibt sich aus § 426 der R.C.P.O., daß der Gegensatz zwischen selbständigen Angriffs- oder Vertheidigungsmitteln und Zwischenstreiten ein vollkommen bewußter ist. Ein Eid, welcher zur Erledigung eines Zwischenstreites dient, soll nämlich durch Beweisbeschluß angeordnet werden können. Ein Eid dagegen, von welchem die Entscheidung über einzelne selbst. Angriffs- oder Vertheidigungsmittel abhängt, soll entweder durch Beweisbeschluß oder durch bedingtes Zwischenurtheil angeordnet werden können. Auch existiren verschiedene Paragraphen, welche nur von selbstständigen Angriffs- oder Vertheidigungsmitteln reden, und wieder andere, die sich nur über den Zwischenstreit verhalten.[1])

Wenn hiernach also der Gegensatz zwischen selbständigen Angriffs- oder Vertheidigungsmitteln und Zwischenstreiten nicht wegzuläugnen ist, so erhebt sich die weitere Frage nach der Tragweite desselben. Sind selbständige Angriffs- oder Vertheidigungsmittel ein für alle Mal vom Inhalt eines Zwischenstreites ausgeschlossen? Oder können sie unter gewissen Voraussetzungen den Inhalt eines Zwischenstreites ausmachen?

Obwohl gewichtige Stimmen sich in letzterem Sinne ausgesprochen haben,[2]) so glaube ich doch, mich für Bejahung der ersteren Frage entscheiden zu sollen. Zwar kann man diese gänzliche Ausschließung der selbst. Streitmittel von dem Inhalt eines Zwischenstreites nicht mit von Bülow[3]) lediglich auf den § 275 der R.C.P.O. gründen. Denn es ergibt sich aus der Fassung dieses Paragraphen in der That nur soviel, aber freilich soviel auch sicher, daß nicht jedes Zwischenurtheil über ein selbständiges

---

[1]) § 137, 123 u. 312 Abs. 2 der R.C.P.O.

[2]) Endemann a. a. O. zu § 275 der R.C.P.O. Anm. 30 1b a. E. und die S. 2 Anm. 1 Genannten.

[3]) in den Beiträgen zum deutschen Recht (1878 S. 813).

Angriffs- oder Vertheidigungsmittel auch einen Zwischenstreit entscheidet. Wohl aber glaube ich meine Meinung durch andere Gründe rechtfertigen zu können. Bevor ich dies jedoch thue, möge es mir gestattet sein, das practische Interesse, welches sich an die Zulassung der selbst. Streitmittel als Zwischenstreitsinhalt knüpfen könnte, darzulegen.

Die Möglichkeit, selbständige Angriffs- oder Vertheidigungsmittel zum Inhalte von Zwischenstreiten zu machen, würde insofern ein practisches Interesse bieten, als nach § 312 Abs. 2 der R.C.P.O. dann, wenn ein Termin lediglich zur Verhandlung über einen Zwischenstreit anberaumt war, Versäumniß-Zwischenurtheil erlassen werden kann. Damit ist gesagt, daß, obwohl im Verhältniß zur Hauptsache partielle Versäumniß vorliegt, doch nicht die regelmäßig an eine solche geknüpften Nachtheile, sondern vielmehr Versäumnißfolgen anderer Art eintreten. Die Nachtheile partieller Versäumniß nämlich, mögen sie nun darin bestehen, daß unbestrittene Thatsachen für zugestanden, oder darin, daß producirte Urkunden oder zugeschobene Eide, über welche keine Erklärung erfolgte, für recognoscirt oder verweigert angenommen werden, können immer erst durch Anfechtung des contradictorischen Endurtheils beseitigt werden, während gegen das Versäumniß-Zwischenurtheil in gleicher Weise wie gegen ein Versäumniß-Endurtheil binnen einer Nothfrist von vierzehn Tagen Einspruch möglich ist. Die Folge eines durchgeführten Einspruchs aber ist, daß Alles so angesehen wird, als wäre gar kein Versäumnißurtheil ergangen.[1])

Die Zulassung eines Versäumniß-Zwischenurtheils über selbständige Streitmittel würde hiernach unter Umständen eine Beschleunigung des Verfahrens bewirken können. Dies ist am besten an einem Beispiel ersichtlich. Wir setzen folgenden Fall: Eine nach preußischem Recht zu beurtheilende Darlehnsforderung wird principaliter auf Anerkenntniß, eventuell auf den ursprünglichen Vertrag, eventualissime auf Ersitzung gegründet.[2]) Der Beklagte bestreitet die Forderung und es wird zunächst über das Anerkenntniß als selbständiges Angriffsmittel verhandelt. Dasselbe stellt sich als unbegründet heraus und das Gericht erkennt durch Zwischenurtheil, daß das Anerkenntniß zu verwerfen. Da der Beklagte eine Anzahl

[1]) § 307 der R.C.P.O.

[2]) §§ 837—840 I. 11 des P.A.L.R.

Einwendungen gegen die Ersitzung erhoben hat, **erklärt** das Gericht die Verhandlung über den ursprünglichen Vertrag zu **einem Zwischenstreit** und beraumt lediglich zu dessen Verhandlung Termin an. In demselben bleibt der Kläger aus. Der Beklagte beantragt deshalb Versäumniß-Zwischenurtheil, und das Gericht erläßt dasselbe dahin, daß der Klagegrund des Dahrlehnsvertrages für hinfällig zu erachten. Wenn hier rechtzeitig Einspruch erhoben und durchgeführt würde, so könnte das Vertragsfundament abermals zur Verhandlung gezogen werden. Dadurch würde möglicher Weise, indem nunmehr der Kläger das Begründetsein des Vertrages nachweist, die Verhandlung über das sehr weitläufige Fundament der Ersitzung vermieden.

Indessen wenn auch vielleicht im einzelnen Falle eine Abkürzung des Verfahrens durch Zulassung eines Versäumniß-Zwischenurtheils über selbständige Streitmittel sich ermöglichen läßt, so ist dadurch doch andererseits zugleich und wohl in höherem Maße eine Gefahr der Verschleppung hervorgerufen. Das Gericht nämlich muß die vierzehntägige Einspruchsfrist gegen das Versäumniß-Zwischenurtheil abwarten, ehe es weiter verhandeln kann. Dies ist zwar im Gesetz nicht ausdrücklich ausgesprochen, ergibt sich aber aus den Motiven zu § 430 der R.C.P.O. Nach diesem Paragraphen ist für den Fall, daß der Schwurpflichtige im Eidesleistungs-Termin nicht erscheint, auf Antrag ein Versäumniß-**Zwischenurtheil** dahin zu erlassen, daß der Eid als verweigert anzusehen sei. Da indessen gegen dasselbe Einspruch zulässig ist, so erklären die Motive die Weiterverhandlung und Realisirung der aus der Eidesweigerung sich ergebenden Folge erst nach Erledigung des eingelegten Einspruchs für möglich. Denn sonst würde in dem Falle, daß in Folge des Einspruchs der Eid noch nachträglich geleistet würde, das Gericht vergeblich Zeit und Mühe auf Abfassung eines Erkenntnisses verwendet haben.[1])

[1]) Die ganze Frage erscheint äußerst zweifelhaft (**Wach** a. a. O. S. 124 ff), besonders wenn man noch den Urkunden- und Wechselprozeß in Betracht zieht. Zwar kann hier die Anordnung des Eides nur durch **Beweisbeschluß** erfolgen. Doch ist damit die Bestimmung, daß beim Ausbleiben des Schwurpflichtigen im Eidesleistungstermin Versäumniß-Zwischenurtheil dahin zu erlassen sei, daß der Eid als verweigert angesehen werden solle, auch für den Urkunden- und Wechselproceß noch vorhanden. Soll nun aber auch im Wechselproceß das Gericht die Einspruchsfrist abwarten? Das läßt sich bei der Schleunigkeit der Proceßart doch kaum annehmen.

Hiernach müßte das Gericht stets, um durch Fällung eines Versäumniß-Zwischenurtheils über selbständige Streitmittel eine Beschleunigung des Processes erzielen, gewissermaßen eine Wahrscheinlichkeitsrechnung darüber anstellen, ob es bei nochmaliger Verhandlung des durch Versäumniß-Zwischenurtheil verworfenen Klagegrundes mit Hinzurechnung der vierzehntägigen Einspruchsfrist schneller zum Ziele gelangen würde, als wenn es sofort in die Verhandlung über die außerdem geltend gemachten stelbständigen Streitmittel einträte.

Geradezu ausgeschlossen aber wird die Zulassung der selbständigen Streitmittel als Zwischenstreitpunkte durch den Nachweis, daß dieselbe mit einzelnen Bestimmungen des Gesetzes nicht im Einklang stehen würde. Dies zeigt sich:

1) Bei den Bestimmungen über vorbereitende Schriftsätze. Nach § 123 der R.C.P.O. soll nämlich jeder vorbereitende Schriftsatz, welcher neue Thatsachen oder ein anderes neues Vorbringen enthält, mindestens eine Woche, und wenn er einen Zwischenstreit betrifft, mindestens 3 Tage vor der mündlichen Verhandlung zugestellt werden. Die letztere Frist gilt auch für den vorbereitenden Schriftsatz, welcher eine Gegenerklärung auf neues Vorbringen enthält. Wenn es sich aber um einen Zwischenstreit handelt, so bedarf es der Zustellung einer schriftlichen Gegenerklärung überhaupt nicht.

Der Inhalt der die mündliche Verhandlung vorbereitenden Schriftsätze besteht nun wesentlich in der Angabe des thatsächlichen Materials. Die vorbereitenden Schriftsätze, welche zur Hauptsache ergehen, enthalten daher auch schon die selbständigen Angriffs- oder Vertheidigungsmittel, und bei der Klageschrift ist es geradezu vorgeschrieben, daß in ihr das selbständige Angriffsmittel des Klagegrundes angegeben werde.[1]) Wo bleibt dann aber noch Raum für einen den Zwischenstreit über dies Angriffsmittel vorbereitenden Schriftsatz, wenn das thatsächliche Material wenigstens in nuce in dem vorbereitenden Schriftsatz zur Hauptsache enthalten sein soll? Oder soll etwa der den Zwischenstreit vorbereitende Schriftsatz die nähere Begründung des einzelnen Angriffs- und Vertheidigungsmittels enthalten? Wo bliebe dann aber das Princip der Mündlichkeit? Ginge das nicht über den

---

[1]) § 230 Nr. 2 der R.C.P.O., vergl. auch § 121 l. c.

Zweck des vorbereitenden Schriftsatzes hinaus? Auch sieht man nicht ein, weshalb der Beklagte, sobald z. B. der Klagegrund zum Inhalt eines Zwischenstreites erklärt wäre, von Einreichung einer Gegenerklärung befreit sein sollte, während er dieselbe einzureichen hat, wenn der Klagegrund nicht den Inhalt des Zwischenstreites bildet. Und wie soll die Partei überhaupt in die Lage kommen, einen vorbereitenden Schriftsatz über das Angriffs- oder Vertheidigungsmittel als Zwischenstreitpunkt zuzustellen? Ein solches Mittel kann doch — wegen der Gegenüberstellung in § 275 der R.C.P.O. — zum Gegenstand eines Zwischenstreites erst dadurch werden, daß das Gericht den Punkt zu einem Zwischenstreitpunkt erklärt. Soll also erst nach dieser Erklärung der den Zwischenstreit vorbereitende Schriftsatz an den Gegner ausgehändigt werden und das Gericht während der zu diesem Behuf gelassenen dreitägigen Frist das Verfahren aussetzen?

Für die hier vertretene Ansicht spricht aber auch:

2) Die Bestimmung des § 426 der R.C.P.O. In diesem Paragraphen ist die Zulässigkeit der Anordnung der Eidesleistung durch Beweisbeschluß ausgesprochen, wenn der Eid zur Erledigung eines Zwischenstreites dient, oder wenn die Entscheidung über einzelne selbständige Angriffs- und Vertheidigungsmittel von der Leistung eines Eides abhängt. In dem letzteren Falle soll auf die Eidesleistung nach Wahl des Gerichts auch durch bedingtes Zwischenurtheil erkannt werden können. Dieser Zusatz ist gemacht, damit, wie sich die Motive ausdrücken,[1]) dem § 137 der R.C.P.O. die volle practische Bedeutung gesichert werde. Gemeint ist damit wohl die Ermöglichung der nach § 289 der R.C.P.O. als Folge eines Urtheils eintretenden Bindung für die Instanz. Wenn nämlich durch bedingtes Zwischenurtheil auf Leistung des Eides erkannt wird, so ist nunmehr das betreffende Angriffs- oder Vertheidigungsmittel für die Instanz erledigt. Wenn hingegen Beweisbeschluß auf den Eid ergeht, so kann das Gericht einseitig sein Resolut ändern, was namentlich dann eintreten könnte, wenn inzwischen der Gerichtshof aus andern Mitgliedern zusammengesetzt worden wäre. Sind dies nun die Erwägungen für die Zulassung eines auf Eid lautenden bedingten Zwischenurtheils bei selbständigen Streitmitteln, so ist auch klar, daß diese Erwägungen Platz greifen

[1]) Seite 283.

müßten auch für den Fall, daß die Streitmittel zum Inhalt eines Zwischenstreites gemacht worden sind. Da nun aber in Zwischenstreiten ein bedingtes (auf Eid lautendes) Zwischenurtheil nicht zulässig ist,[1]) so folgt daraus, daß selbständige Streitmittel überhaupt nicht den Inhalt eines Zwischenstreites bilden können.

Am deutlichsten aber tritt die Richtigkeit dieses Satzes zu Tage:

3) im § 315 Abs. 2 der R.C.P.O. In diesem, auf das vorbereitende Verfahren in Rechnungssachen, Auseinandersetzungen und ähnlichen Processen sich beziehenden Paragraphen werden der Rechtsstreit und der Zwischenstreit einander gegenüber gestellt. In einem derartigen Verfahren sollen nämlich unter Leitung eines beauftragten Richters im Interesse der Uebersichtlichkeit des Proceßmaterials und da sich ein solcher Proceß meistentheils aus einer größeren Anzahl einzelner Posten zusammensetzt, die einzelnen Ansprüche, Angriffs- und Vertheidigungsmittel, ferner ihre Bestrittenheit oder Unbestrittenheit, überhaupt das ganze Sachverhältniß mit Einschluß der Beweismittel zu Protokoll festgestellt werden. Mit dieser Instruction der Sache, wie die Preuß. Allg. Ger.-Ordnung sich ausdrückte, soll so lange fortgefahren werden, bis „der Rechtsstreit selbst oder ein Zwischenstreit zur Erlassung eines Urtheils oder Beweisbeschlusses reif erscheint."

Es springt sofort in die Augen, daß die selbständigen Angriffs- oder Vertheidigungsmittel in der letzterwähnten Gesetzesbestimmung nicht genannt sind. Daraus könnte man nun also deduciren wollen:

---

[1]) Die Bestimmung des § 426 der R.C.P.O. muß im Zusammenhang mit § 425 l. c. betrachtet werden. Danach ergibt sich m. E. mit Nothwendigkeit, daß kein bedingtes Zwischenurtheil bei Zwischenstreiten gestattet ist. In § 425 wird nämlich die Regel ausgesprochen, daß auf Leistung eines Eides durch bedingtes Endurtheil erkannt werden soll. Dazu enthält der § 426 die Ausnahme. Die Bestimmung dieses Paragraphen würde aber, was das bedingte Zwischenurtheil über selbständige Streitmittel anbelangt, gänzlich überflüssig sein, wenn man annehmen wollte, in der Bestimmung des § 275 über Zulässigkeit der Entscheidung von Zwischenstreiten oder selbständigen Streitmitteln durch Zwischenurtheil liege auch die Erlaubniß, bedingte Zwischenurtheile zu erlassen. Die besondere Erwähnung der durch Eid bedingten Zwischenurtheile über selbständige Streitmittel in § 426 zwingt zu der Annahme, daß in § 275 diese Befugniß noch nicht enthalten war. Die Bemerkung der Motive zu § 275 ist dem gegenüber bedeutungslos. Für diese Meinung siehe auch Wach a. a. O. S. 90 und Fitting S. 198.

die allgemeine Tendenz der Bestimmung des § 315 Abs. 2 der R.C.P.O. gehe offenbar dahin, daß, so oft und so bald eine richterliche Entscheidung nöthig oder auch nur angemessen werde, die Sache an das Proceßgericht zurückgehen solle, weil der Instructionsrichter lediglich zu instruiren, nicht aber zu entscheiden habe. Da nun das Bedürfniß eines Zwischenurtheils auch über selbständige Angriffs- oder Vertheidigungsmittel sich herausstellen könne, so müßten, wenn man nicht eine Lücke in dem Gesetz constatiren wolle, diese in dem „Zwischenstreit" mit einbegriffen sein.

Indessen das Bedürfniß, im Rechnungs-Vorbereitungsverfahren über selbständige Angriffs- oder Vertheidigungsmittel Zwischenurtheil zu erlassen, ist jedenfalls ein sehr geringes. Denn die Befürchtung, welche hauptsächlich zu dem Recht des Gerichts, Zwischenurtheile zu erlassen, geführt hat, daß nämlich in sehr verwickelten und weitläufigen Sachen das Material Seitens des Gerichts nicht werde bewältigt werden können, greift hier nicht Platz. Denn im Rechnungs-Vorbereitungsverfahren herrscht absolute Schriftlichkeit. Wenn also der Instruent die Sache an das Proceßgericht abgegeben hat, weil er meinte, das Mittel des Klagegrundes, der Einrede oder Replik greife durch und der Rechtsstreit selbst sei daher zur Entscheidung reif, das Proceßgericht aber entgegengesetzter Meinung ist, so wird dieses die Sache ohne Erlaß eines Zwischenurtheils über das Nichtbegründetsein des Streitmittels an den Instructionsrichter zurückgehen lassen können. Ja, man wird m. E. dem Gericht sogar die Berechtigung zum Erlaß eines Zwischenurtheils in diesen Fällen absprechen müssen. Und auch umgekehrt, wenn der Instructionsrichter der Meinung war, daß zwar nicht der Rechtsstreit, wohl aber ein einzelnes selbständiges Angriffs- oder Vertheidigungsmittel zur Entscheidung reif sei, liegt ein Bedürfniß zur Abgabe der Sache an das Proceßgericht behufs Erlassung eines Zwischenurtheils im Interesse der Uebersichtlichkeit des Proceßmaterials nicht vor. Ein solches Bedürfniß könnte man höchstens aus dem Gesichtspunkt behaupten, weil das Zwischenurtheil die Eventualmaxime zu ersetzen bestimmt sei. Aber das Rechnungs-Vorbereitungsverfahren kennt die Eventualmaxime[1]) und nur vor dem Instructionsrichter selbst herrscht dieselbe nicht. Im Gegentheil sind bis zum Schlusse des vorbereitenden Verfahrens

---

[1]) § 319 der R.C.P.O.

neue thatsächliche Anführungen gestattet. Eben deshalb aber, und weil es überhaupt dem Zwecke des vorbereitenden Verfahrens — für das erkennende Gericht auf breitester Grundlage das Material herbeizuschaffen — zuwider zu sein scheint, halte ich eine Präcludirung der Anführungen der Parteien durch Zwischenurtheil für unzulässig. Auch kann es bei der Trennung zwischen Instruction und Entscheidung, welche im Rechnungsproceß beliebt ist, unmöglich gestattet sein, die Sache, sobald ein einzelnes selbständiges Angriffs- oder Vertheidigungsmittel zur Entscheidung reif erscheint, zu diesem Zweck an das Proceßgericht zurückgehen zu lassen. Sonst würde ein fortwährendes Wandern der Acten vom Instructionsrichter zum erkennenden Gericht und wieder zurück statt haben. Denn natürlich ist auch im Vorbereitungsverfahren die Proceßleitung wesentlich in den Händen des Proceßgerichts geblieben, wenngleich es dem Instructionsrichter im Allgemeinen wohl freizugeben ist, zu bestimmen, in welcher Reihenfolge er das Sachverhältniß ermitteln will. Deshalb wäre selbstverständlich das Proceßgericht nicht daran gebunden, ein Erkenntniß zu erlassen, wenn dem Instructionsrichter diese oder jene Erkenntnißfällung angezeigt erscheinen möchte. Wenn man dies nicht zugeben wollte, so würde sich die Stellung des beauftragten Richters in das gerade Gegentheil verkehren. Er würde dann nämlich bestimmen können, wann ein Zwischenurtheil, Beweisbeschluß 2c. erlassen werden soll und nicht Beauftragter, sondern Auftraggeber sein.

Hieran würde auch die Annahme nichts ändern, daß natürlich nur diejenigen selbständigen Angriffs- oder Vertheidigungsmittel den Inhalt von Zwischenstreiten bilden könnten, welche das Proceßgericht dafür erklärt habe. Denn gerade aus der Bestimmung des § 315 Abs. 2 der R.C.P.O., daß nämlich das Verfahren von dem beauftragten Richter fortgesetzt werden soll, bis der Rechtsstreit selbst oder ein Zwischenstreit zur Entscheidung reif ist, ergibt sich — wie ich sofort nachweisen werde, — daß der Zwischenstreit ein seinem Inhalt nach ein für alle Mal durch das Gesetz fixirter Begriff ist, daß eine Erklärung des Gerichts, dies oder jenes solle Zwischenstreit sein, bedeutungslos ist.

Wenn nämlich auch das Proceßgericht Gelegenheit haben würde, vor der Abgabe der Sache an den Instructionsrichter dieses oder jenes selbständige Streitmittel für einen Zwischenstreit zu erklären, so würde doch die Mehrzahl der selbständigen Angriffs-

oder Vertheidigungsmittel jedenfalls erst vor dem Instructionsrichter zur Sprache gebracht werden. Das vorbereitende Verfahren ist ja gerade zu diesem Zwecke eingeführt. Sollen nun aber die während der Instruction zu Tage tretenden selbständigen Streitmittel der Möglichkeit, den Inhalt von Zwischenstreiten zu bilden, um deswillen verlustig sein, weil sie erst während der Instruction sich herausstellen? Oder soll etwa gar der Instructionsrichter, sobald er ein neues Angriffs- oder Vertheidigungsmittel zu Protocoll festgestellt hat, beim Proceßgericht anfragen, ob es dasselbe nicht als Zwischenstreit behandeln wolle? Das erstere anzunehmen erscheint willkürlich, das letztere unmöglich. Denn das Proceßgericht kann natürlich nur dann sich schlüssig machen, ob Zwischenstreit oder nicht, wenn es volle Kenntniß von der Lage der Acten besitzt. Der Instructionsrichter müßte also jedes Mal die Acten an das Proceßgericht abgeben. Dieses müßte zu einer Sitzung zusammentreten, in welcher vielleicht der Instruent seine Meinung äußert, und damit hätte man denn die größte nur denkbare Verschleppung. Diese Auffassung widerspricht aber auch geradezu dem Wortlaut des § 315 Abs. 2 der R.C.P.O., nach welchem das Vorbereitungsverfahren erst dann eine Unterbrechung erfahren soll, wenn ein Zwischenstreit zur Entscheidung reif ist, nicht aber schon dann, wenn es sich darum handelt, ob ein Zwischenstreit zu formiren sei oder nicht.

Man sieht sich also vor die Alternative gestellt, entweder dem Instructionsrichter selbst die Befugniß einzuräumen, selbständige Streitmittel für Zwischenstreitpunkte zu erklären oder diese Erklärung bis zur Rückgabe der Sache an das Proceßgericht auszusetzen und sie dann diesem zu überlassen. Das Erstere erscheint wiederum mit der Stellung des Instruenten als beauftragter Richter unverträglich, während im letzteren Falle die fragliche Gesetzesbestimmung sich nur auf die vor Abgabe der Sache an den Instruenten zu Zwischenstreiten erklärten Streitpunkte beziehen könnte.

Es bleibt also in der That nur übrig, die selbständigen Angriffs- oder Vertheidigungsmittel ein für alle Mal vom Inhalt des Zwischenstreites gänzlich auszuschließen.

Wie man demunerachtet gerade den § 315 Abs. 2 der R.C.P.O. als Beleg dafür anführen kann, daß es Sache einer vernünftigen Proceßleitung sei, einen Streitpunkt als Zwischenstreit zu behandeln,[1]) erscheint unerfindlich. Er bietet m. E. einen Hauptbeleg dafür, daß der Zwischenstreit seinem Inhalt nach der Proceßleitung des Gerichts gänzlich entzogen und ein vom Gesetz selbst festabgegrenzter Begriff ist. Das zeigt namentlich auch der § 331 der R.C.P.O., nach welchem ein für alle Mal ein bei der Beweisaufnahme vor dem beauftragten oder ersuchten Richter sich erhebender Streit, von dessen Erledigung die Fortsetzung der Beweisaufnahme abhängig ist, zu den Zwischenstreiten gehört. Denn man kann doch kaum annehmen, daß einzelne Streitpunkte stets Zwischenstreitpunkte sind, andere aber nur dann, wenn sie der Richter dazu erklärt hat. Für die Unrichtigkeit dieser Annahme spricht auch, daß zu einem Zwischenstreit geladen werden kann.[2]) Oder sollte erst dann die Ladung erfolgen, wenn das Gericht die Erklärung abgegeben, daß ein Streitpunkt Zwischenstreitpunkt sein solle?

§ 6.

Begriff der selbständigen Angriffs- und Vertheidigungsmittel.
a) Das Gebiet derselben.

Selbständige Angriffs- und Vertheidigungsmittel können nach dem Gesagten Gegenstand eines Zwischenurtheils, aber nicht eines Zwischenstreites sein. Was sind aber selbständige Angriffs- oder Vertheidigungsmittel?

Die R.C.P.O. erwähnt häufig sowohl die Angriffs- und Vertheidigungsmittel im Allgemeinen,[3]) als auch insbesondere die selbständigen Angriffs- und Vertheidigungsmittel,[4]) ohne jedoch eine Definition zu geben.

Sicher ist nun zunächst soviel, daß der Begriff des Angriffs- und des Vertheidigungsmittels denjenigen des Angriffs beziehentlich der Vertheidigung als gegeben voraussetzt, indem die ersteren zu den Zwecken der letzteren dienen. Daraus folgt aber sofort, daß die Klage und die Klagebeantwortung zu den Angriffs- beziehentlich Vertheidigungsmitteln nicht gehören. Denn jene bilden und enthalten eben den Angriff beziehentlich die Vertheidigung selbst. Damit stimmt auch der § 91 der R.C.P.O.

---

1) Struckmann und Koch a. a. O. zu § 275.
2) § 191 Abs. 1 der R.C.P.O.
3) §§ 64, 65, 91, 95, 251, 315, 491.
4) §§ 137, 262, 275, 426.

überein, welcher den Fall behandelt, daß die in der Hauptsache (also im Angriff oder der Vertheidigung) siegende Partei ein Angriffs- oder Vertheidigungsmittel erfolglos angewendet habe.

Aber auch die Rechtsmittel scheiden aus dem Kreise der Angriffs- und Vertheidigungsmittel aus. Denn jene stellen nur eine Wiederaufnahme des Angriffs beziehentlich der Vertheidigung, die in einer Instanz bereits verworfen sind, dar und haben daher für den Streit in der neuen Instanz dieselbe Bedeutung, wie die Klage beziehentlich Klagebeantwortung für den in der vorigen. Dies zeigt sich auch in § 491 Abs. 1, wo unter den in der neuen Instanz anzubringenden Angriffs- und Vertheidigungsmitteln offenbar ein Rechtsmittel nicht mit verstanden werden kann.[1])

Anders verhält es sich mit der Widerklage. Diese wird in § 251 ausdrücklich unter den Angriffs- und Vertheidigungsmitteln mit genannt. Streng genommen ist dies unlogisch. Denn die Widerklage ist in Wahrheit ebenso gut wie die Klage die Begründung eines eigenen Streits und nicht ein bloßes Streitmittel.[2]) Andererseits ist die in § 251 verfügte Zulassung nachträglicher Geltendmachung, wie bei den dort genannten Streitmitteln, so auch bei der Widerklage sachlich wohl gerechtfertigt, weil auch diese einen durch Angriff und Vertheidigung bereits gegebenen Streit voraussetzt. Mithin erklärt sich die hier geschehene Aufzählung der Widerklage unter den Angriffs- und Vertheidigungsmitteln als ein kurzer Ausdruck des Gedankens, daß der Regel dieses Paragraphen die Widerklage ebenso unterliegen soll, wie einzelne Streitmittel. Der Paragraph wäre bei strenger Formulirung dahin zu fassen gewesen: Angriffs- und Vertheidigungsmittel (Einreden, Repliken u. s. w.) können bis zum Schlusse derjenigen mündlichen Verhandlung, auf welche das Urtheil ergeht, geltend gemacht werden. Dasselbe gilt von einer Widerklage. Es wäre aber verfehlt, diese Gleichstellung zu generalisiren und die Widerklagen im Sinne anderer Paragraphen als Angriffs- oder Vertheidigungsmittel aufzufassen.

Zweifeln kann man bei der Widerklage noch, ob sie im Sinne des § 251 zu den Angriffs- oder zu den Vertheidigungsmitteln zu zählen sei, was um deswillen von Erheblichkeit ist, weil der un-

---

[1]) vergl. auch Gaupp a. a. O. Bd. I. S. 221 u. 583.

[2]) Fitting, Lehrbuch S. 101.

mittelbar folgende § 252 der R.C.P.O. sich nur auf Vertheidigungsmittel bezieht. In der That aber enthält die Widerklage mehr als nur Vertheidigung, nämlich einen Gegenangriff,[1]) und wird deshalb auch von den Motiven zu § 252 den Angriffsmitteln des Beklagten zugezählt. In Folge dessen findet der § 252 der R.C.P.O., welcher gestattet, nachträglich von dem Beklagten vorgebrachte Vertheidigungsmittel zurückzuweisen, auf die Widerklage keine Anwendung, was auch durchaus sachgemäß ist, weil der Gefahr einer Verschleppung vermittelst Widerklage durch das Trennungsrecht des Richters nach § 136 der R.C.P.O. genügend vorgebeugt ist. Dagegen sind Einreden unter allen Umständen bloße Vertheidigungsmittel, selbst wenn sie ein selbständiges Gegenrecht geltend machen. Denn ihr Zweck ist stets ein negativer, die Zurückweisung des gegnerischen Antrags und also eben derjenige, welcher das Wesen der Vertheidigung ausmacht.

In der bisher entwickelten Ausdehnung läßt sich der Begriff der Angriffs- und Vertheidigungsmittel mit Fitting dahin definiren, daß es Rechtsbehelfe sind, deren sich eine Partei bedienen kann, um ihrem Angriff oder ihrer Vertheidigung zum Erfolge zu verhelfen, mit Einschluß der Beweismittel und Beweiseinreden.[2])

In diesem weiten, formelle und materielle Streitmittel nicht unterscheidenden Sinn ist der Ausdruck z. B. in § 251 der R.C.P.O. zu nehmen, während jede noch weiter greifende Definition,[3]) welche auch Klage, Klagebeantwortung und Rechtsmittel mit einschließt, als verfehlt erscheint.

Entschieden enger ist nun aber der Begriff der in § 275 der R.C.P.O. erwähnten „selbständigen Angriffs- und Vertheidigungsmittel".

Von selbständigen Streitpunkten, für welche das richterliche Trennungsrecht und das Zwischenurtheil eingeführt wird, ist zuerst in dem Preußischen Entwurf einer Civilproceßordnung von 1864 (§§ 271 und 348 Nr. 2) die Rede, mit dem im Wesentlichen auch der Hannöversche Entwurf von 1866 in den §§ 143 und 250 übereinstimmt. Dazu gaben die Motive des Preußischen Entwurfs

[1]) Siebenhaar, Commentar zu § 251 der R.C.P.O., braucht den Ausdruck: „Gegenangriff" im Sinne von „Vertheidigungsmitteln".

[2]) Lehrbuch S. 107.

[3]) z. B. Endemann a. a. O., Vorbemerkung zu den §§ 136 und 137 S. 483.

(zu § 348) unter Verweisung auf die A.G.O.[1]) nur die Erläuterung, daß jene dem Zwischenurtheil unterworfenen Streitpunkte „eine selbständige Bedeutung" haben und „ohne Gefahr für die Endentscheidung eine getrennte Erledigung zulassen" müssen. Etwas Bestimmteres ist weder in dieser noch auch in den Motiven späterer Entwürfe ausgesprochen. Ebenso wenig fördern uns die Definitionen mehrerer neuerer Commentatoren. So sagt z. B. Endemann, es seien solche Mittel, über welche durch Zwischenurtheil entschieden werden könne, und Struckmann und Koch äußern sich dahin, daß das Kriterium eine solche Selbständigkeit sei, daß der Streitpunkt sich zwar nicht, wie einzelne Ansprüche, zu einem getrennten Processe, wohl aber zu einer getrennten Verhandlung und Entscheidung durch Zwischenurtheil eigne.[2]) Beides aber bestimmt den Begriff der selbständigen Angriffs- und Vertheidigungsmittel offenbar nur nach der an ihn geknüpften ihm aber nicht einmal eigenthümlichen Folge des Zwischenurtheils. Denn wenn Struckmann und Koch noch hinzufügen, es seien Anführungen, welche für den Anspruch des Anführenden oder gegenüber dem gegnerischen Anspruch eine besondere rechtliche Wirkung zu äußern bestimmt seien, so paßt das jedenfalls auch für das Editionsgesuch, welches doch in den Motiven als Beispiel eines Zwischenstreites aufgeführt wird.

Vorweg dürfte nun aus den selbständigen Angriffs- und Vertheidigungsmitteln des § 275 die in § 251 als Angriffsmittel genannte Widerklage auszuscheiden sein.

Ausschlaggebend dafür ist, daß sie nach den obigen Darlegungen ein quantitativer Theil des Streitgegenstandes ist und die Entscheidung über sie nie ein das Endurtheil vorbereitendes Zwischenurtheil, sondern einen Theil des Endurtheils selbst bilden würde. Darum ist sie auch in dem kurz voraufgehenden § 273 der R.C.P.O. als Gegenstand eines Theilurtheils ausdrücklich mit aufgeführt, wonach um so weniger auch ein Zwischenurtheil auf sie anwendbar erscheint. Anderer Meinung ist freilich von Bülow.[3]) Aber sein Grund ist nur die Bezugnahme auf

---

[1]) Thl. I lit. 10 §§ 60—81 lit. 13 § 43.

[2]) Endemann a. a. O. S. 484, Struckmann und Koch a. a. O. Seite 112.

[3]) Commentar zu § 137 der R.C.P.O. Anm. 1 S. 86.

den § 251, von dem oben[1]) ausgeführt ist, daß er nur für die von ihm ausgesprochene Regel die Widerklage mit den Angriffs- und Vertheidigungsmitteln gleich behandelt wissen will. Ebenso wenig fällt für von Bülow's Meinung in die Wagschaale, daß der Norddeutsche Entwurf in § 416 die „connexe Widerklage“ ausdrücklich unter den selbständigen Angriffs- und Vertheidigungsmitteln mit aufführte. Denn der § 416 sprach nur dieselbe Zulassung nachträglicher Geltendmachung aus, wie jetzt der § 251 der R.C.P.O. Diese Zulassung war bei der connexen Widerklage vom Standpunkt des Norddeutschen Entwurfs noch besonders dadurch gerechtfertigt, daß dieselbe durch § 206 desselben Entwurfs im Wesentlichen der Einrede gleichgestellt war. Wenn aber damit die Widerklage überhaupt als selbständiges Angriffsmittel hätte charakterisirt werden sollen, so würde der Gesetzgeber offenbar auch die nicht connexe Widerklage haben nennen müssen, da dieser doch die Selbständigkeit in noch höherem Maße beiwohnt, als der connexen.

Gehört also die Widerklage jedenfalls nicht zu den selbständigen Angriffs- und Vertheidigungsmitteln, über welche ein Zwischenurtheil ergehen kann, so fragt es sich nun weiter nach den positiven Kriterien dieses Begriffs.

Dabei muß man sich hüten, das Merkmal für eine Begriffsbestimmung der selbständigen Streitmittel und ihre Unterscheidung von den Zwischenstreitpunkten in der Bedeutung der ersteren für die Endentscheidung zu suchen, obschon es sich nicht läugnen läßt, daß die Zulässigkeit eines Versäumniß-Zwischenurtheils über Zwischenstreite und die Unzulässigkeit eines solchen über selbständige Streitmittel für diese Grenzziehung zu sprechen scheint. Aber einmal steht soviel fest, daß die selbständigen Angriffs- oder Vertheidigungsmittel mit den Zwischenstreitpunkten gerade die gemeinsame Beziehung haben müssen, daß ihre Erledigung zur Vorbereitung des Endurtheils dient. Und auch im Uebrigen kann im einzelnen Falle das Zwischenurtheil über selbständige Streitmittel eine ganz gleiche Bedeutung für das Endurtheil haben, wie dasjenige über Zwischenstreitpunkte. Dabei ist es gleichgültig, ob diese Bedeutung in eine mittelbar oder unmittelbar ausschlaggebende Wirkung für die Endentscheidung gesetzt wird, d. h. ob

[1]) Seite 47.

aus der Entscheidung des betreffenden Streitpunktes mittelbar oder unmittelbar die gänzliche oder theilweise Verurtheilung des Beklagten oder Abweisung des Klägers bezüglich des Klage- oder Widerklage-Antrages gefolgert werden kann. Zwar das ist zuzugeben, daß alle im Gesetz oder den Motiven genannten Beispiele von Zwischenstreitigkeiten unter den Parteien solche sind, aus deren Entscheidung niemals unmittelbar die Abweisung oder Verurtheilung folgt. So ist die unmittelbare Folge davon, daß eine Beweiseinrede begründet erscheint, unter allen Umständen nur die Unzulässigkeit des Beweismittels. Wenn ferner der Antrag auf Urkundenedition zurückgewiesen wird, so ist unmittelbare Folge immer nur, daß der Beweispflichtige zu anderen Beweismitteln seine Zuflucht nehmen muß. Ja, selbst im Falle des § 430 der R.C.P.O. ist die unmittelbare Folge des wegen Ausbleibens des Schwurpflichtigen auf Eidesweigerung lautenden Versäumnißurtheils nur, daß das Gegentheil der zu beweisenden Thatsachen als vollbewiesen gilt, und es bedarf weiterer Folgerungen, um zum Endurtheil zu gelangen. Aber insofern würde doch das fragliche Merkmal für die Begriffsbestimmung der selbständigen Streitpunkte unzutreffend sein, als es nach den in § 137 der R.C.P.O. enthaltenen Beispielen von selbständigen Angriffs- oder Vertheidigungsmitteln (Klagegründe, Einreden, Repliken) auch unter diesen solche gibt, deren Entscheidung niemals als unmittelbare Folge die Endentscheidung nach sich ziehen kann. Denn die Repliken richten sich immer nur auf die Beseitigung der Einreden. Die unmittelbare Folge davon, daß die Replik für begründet erkannt wird, ist also die Beseitigung der Einrede, gleichwie die unmittelbare Folge davon, daß eine Duplik sich als begründet herausstellt, darin besteht, daß nun die Replik nicht durchgreift.

Man wird danach in der That nicht nach der Bedeutung der betreffenden Rechtsbehelfe für die Endentscheidung die Abgrenzung zwischen den selbständigen Angriffs- oder Vertheidigungsmitteln und den Zwischenstreitspunkten vorzunehmen haben, sondern nach ihrem Inhalte, wie es bereits von Bülow, Fitting und Wach gethan haben. Dieselben beschränken das Gebiet der selbständigen Angriffs- oder Vertheidigungsmittel auf die materialia causae und scheiden von dem Begriff der selbständigen Streitmittel Alles aus, was nicht zur Rechtfertigung oder Bekämpfung des geltend gemachten materiellen Anspruchs bestimmt ist.[1]) Da sich jedoch bei den genannten Schriftstellern eine Rechtfertigung dieser Abgrenzung nicht findet, so soll eine solche im Folgenden versucht werden. Für die Richtigkeit der fraglichen Meinung sprechen hauptsächlich folgende Gründe:

1) Der Wortlaut des § 137 der R.C.P.O.: „mehrere auf denselben Anspruch sich beziehende selbständige Angriffs- oder Vertheidigungsmittel". Denn zu dem Anspruch steht im Gegensatz das Verfahren, und daß der Nachdruck auf „Anspruch" liegt, scheint mir aus der beigefügten Exemplification „Klagegründe, Einreden, Repliken" hervorzugehen.[2]) Dies wird auch bestätigt durch die entsprechende Bestimmung des § 348 al. 2 des Preußischen Entwurfs von 1864. Nach ihr soll nämlich Zwischenurtheil zulässig sein bei dem Vorhandensein mehrerer, auf den Hauptstreit sich beziehender selbständiger Streitpunkte, insbesondere bei dem Vorhandensein mehrerer für denselben Anspruch geltend gemachten Klagegründe oder mehrerer gegen einen Anspruch erhobener Einreden. Das Wort Hauptstreit ist hier offenbar in materiellem Sinne gebraucht. Es ist der Streit um die Hauptsache. Dazu kommt, daß in diesem Entwurf die auf den Hauptstreit sich beziehenden selbständigen Streitpunkte in Gegensatz zu dem „processualischen" Zwischenstreit gesetzt waren, und daß man den letzteren geradezu als einen Streit in Bezug auf das Verfahren definirt hatte.[3])

---

[1]) von Bülow (in den Beiträgen zum Deutschen Recht) versteht unter selbständigen Angriffs- oder Vertheidigungsmitteln solche Rechtsbehelfe, welche vermöge ihres materiellen Inhalts auf die Entscheidung über den erhobenen Anspruch oder einen Theil desselben unabhängig von dem übrigen Inhalte des Rechtsstreites, namentlich von der Concurrenz anderer Rechtsbehelfe, einen Einfluß haben können. Fitting (Lehrbuch S. 107) nennt die selbständigen Angriffs- und Vertheidigungsmittel solche Behauptungen, welche einen zur Rechtfertigung oder Bekämpfung eines Anspruchs dienlichen besonderen Rechtsbegriff (wie z. B. Eigenthum, Dahrlehnsforderung, Zahlung, Verjährung rc.) darstellen und daher, ähnlich dem Anspruche selbst, als ein geschlossenes und selbständiges Ganzes erscheinen. Wach (Vorträge S. 32) bezeichnet als selbständige Angriffs- und Vertheidigungsmittel die Elemente des Thatbestandes, soweit sie selbständig erledigungsfähig d. h. verhandlungs- und entscheidungsfähig sind.

[2]) Der Nachdruck liegt allerdings auch mit auf „denselben". Den mehreren Ansprüchen des § 136 wird in § 137 ein und derselbe Anspruch entgegengesetzt.

[3]) § 336 des Preußischen Entwurfs von 1864.

2) Auch in § 262 Abs. 1 der R.C.P.O. ist der Ausdruck „selbständige Angriffs- oder Vertheidigungsmittel" in Beziehung auf den materiellen Anspruch gebraucht. Nach diesem Paragraphen soll die Wirksamkeit eines gerichtlichen Geständnisses dadurch nicht beeinträchtigt werden, daß demselben eine Behauptung beigefügt wurde, welche ein selbständiges Angriffs- oder Vertheidigungsmittel enthält. Die Bestimmung ist, wie aus den Motiven[1]) hervorgeht, aufgenommen, um dem Dogma von der Untheilbarkeit des Geständnisses zu steuern. Im französischen Proceß hatte sich dasselbe nach dem Ausdruck der Motive zu dem Satz ausgebildet, daß die einem gerichtlichen Geständniß beigefügten Zusätze, welche den Klagegrund oder die Einrede beschränken oder aufheben, nicht von dem Geständniß getrennt werden konnten. Wenn nun solche Zusätze im Gesetz als selbständige Angriffs- oder Vertheidigungsmittel bezeichnet werden, so ergibt sich die materielle Bedeutung dieses Ausdrucks auch in § 275 der R.C.P.O. von selbst.

Dazu kommt

3) noch ein Grund allgemeinerer Natur. In der R.C.P.O. ist das Princip der Einheit der mündlichen Verhandlung angenommen in dem Sinne, daß nach jeder Abbrechung der Verhandlung (z. B. wegen Zeitmangels) die ganze Sache von Neuem verhandelt werden muß. Daraus ergibt sich, daß bei Versäumung eines Termins ein Versäumnißurtheil zum ganzen Rechtsstreit ergehen muß. Dieser Grundsatz ist jedoch durchbrochen zu Gunsten der Zwischenstreitspunkte, indem über sie Versäumniß-Zwischenurtheil ergehen kann, falls der Termin lediglich zu ihrer Verhandlung anberaumt war. Natürlich liegt es nun nahe, anzunehmen, daß diese Durchbrechung des Princips nur zu Gunsten solcher Punkte geschehen sei, deren Zugehörigkeit zu dem Rechtsstreit eine weniger intensive ist. Am intensivsten ist nun aber die Zugehörigkeit der zur Begründung oder Bekämpfung des streitigen Privatrechts selbst dienenden Anführungen der materialia causae. Auf sie findet also ein Versäumniß-Zwischenurtheil keine Anwendung, sie gerade bilden das Gebiet der selbständigen Angriffs- oder Vertheidigungsmittel.[2])

---

[1]) Seite 211.

[2]) Gaupp a. a. O. zu § 136 Anm. II, 2, will auch dem Proceßrecht angehörende Rechtsbehelfe, wenn sie nur präjudiciell sind (z. B. den Streit über die Berufungs- und Revisionsfähigkeit einer Sache), zu den selbständigen

§ 7.

Fortsetzung. b) Begriffsbestimmung.

Mit der Beschränkung der selbständigen Angriffs- oder Vertheidigungsmittel auf das Materielle des Rechtsstreites ist nur der erste Schritt zu ihrer Begriffsbestimmung gethan. Denn es bleibt vor allen Dingen die Frage zu beantworten, welche auf die materialia causae bezüglichen Streitpunkte denn eine solche Selbständigkeit besitzen, daß sie der abgesonderten Verhandlung und der Entscheidung durch Zwischenurtheil fähig sind?

Soll etwa über jede einzelne Thatsache, welche zur besseren Begründung eines Anspruchs vorgebracht wird, im Fall man sie bestreitet, abgesonderte Verhandlung und Zwischenurtheil zulässig sein? Wenn z. B. ein Darlehen eingeklagt und zur besseren Begründung der Klage ein vorausgegangenes Darlehnsversprechen behauptet wird, wenn ferner Zeugen dafür angegeben werden, daß der Kläger an einem gewissen Tage dem Beklagten Geld aufgezählt habe, während die Zeugen allerdings weder die Höhe der gezahlten Summe noch den Rechtsgrund der Geldzahlung bekunden können, — soll da über jedes einzelne dieser thatsächlichen Momente getrennte Verhandlung und wohl gar Zwischenurtheil gestattet sein? Das kann man unmöglich annehmen. Ein solches Verfahren würde kaum noch den Namen einer Verhandlung verdienen, wenigstens würde derselben „wegen des Zerreißens des natürlichen Zusammenhanges des Streitstoffes alle Lebendigkeit entzogen werden".

Wie aber die Grenze finden? Einen Fingerzeig in dieser Beziehung gibt der Norddeutsche Entwurf. Derselbe unterscheidet nämlich zwischen selbständigen Angriffs- und Vertheidigungsmitteln einerseits und Thatsachen, welche zur näherer Begründung eines selbständigen Angriffs- oder Vertheidigungsmittels dienen, andererseits.[1]) Es ergibt sich daraus, daß nicht jede Thatsache, welche zur Begründung eines Anspruchs vorgebracht wird, sondern nur

---

Streitmitteln zählen. M. E. ohne Grund. Er scheint auch diese Begrenzung des Begriffes in der Anmerkung zu § 275, I, 2, nicht festzuhalten. Denn er bezeichnet dort die selbständigen Angriffs- oder Vertheidigungsmittel als Elemente der Entscheidung. Zu diesen Elementen rechnet man doch aber processualische Entscheidungsgründe nicht.

[1]) § 394 des Nordd. Entw.

diejenigen, welche ein selbständiges Angriffs- oder Vertheidigungsmittel ausmachen, zu getrennter Verhandlung verwiesen oder einem Zwischenurtheil unterworfen werden können. Man hat also als den eigentlichen Inhalt des Rechtsstreits den Anspruch selbst, ferner die selbständigen Angriffs- oder Vertheidigungsmittel und die sog. Hilfsthatsachen zu unterscheiden. Und zwar liegen die selbständigen Angriffs- oder Vertheidigungsmittel in der Mitte zwischen dem Anspruch selbst und den sog. Hilfsthatsachen. Die Summe der Hilfsthatsachen bildet einen Bestandtheil des Angriffs- oder Vertheidigungsmittels, wie aus den Beispielen des § 137 der R.C.P.O. hervorgeht. Zugleich aber dienen auch die eingeklammerten Worte dieses Paragraphen (Klagegründe, Einreden, Repliken ꝛc.) dazu, um die Abgeschlossenheit des abzutrennenden Punktes anzudeuten.[1]) Eine weiter gehende Bedeutung kommt m. E. der fraglichen Exemplification nicht zu. Deshalb kann man nicht ohne Weiteres, wie es von Bülow[2]) thut, den Begriff der selbständigen Angriffs- oder Vertheidigungsmittel auf Klagegründe, Widerklagegründe, Einreden, Repliken und Dupliken beschränken und thatsächliche Behauptungen nur dann für einen derartigen Rechtsbehelf erklären, wenn sie einen Klagegrund ꝛc. enthalten. Es käme dann wenigstens noch sehr darauf an, in welchem Sinne man den Begriff des Klagegrundes feststellen würde. Die Motive[3]) bezeichnen als Klagegrund den Inbegriff derjenigen Thatsachen, welche nach Maßgabe des bürgerlichen Rechts an sich geeignet sind, den erhobenen Anspruch als in der Person des Klägers entstanden und zugleich als durch den Beklagten verletzt erscheinen zu lassen. Danach wäre also die gemeinrechtliche Unterscheidung zwischen fundamentum agendi proximum und remotum in dem Sinne, daß unter ersterem das der Klage zu Grunde liegende Recht, unter letzterem dagegen die Geschichtserzählung zu verstehen wäre, aufgegeben und der Begriff des Klagegrundes nur auf das historische Fundament der Klage beschränkt.

Wie sollte man dann aber von einer Mehrheit von Klagegründen, welche sich auf denselben Anspruch beziehen, reden können? Auch würde in vielen Fällen offenbar der Zweck des richterlichen

---

1) R.O.P. S. 296 u. 297.

2) a. a. O. S. 811.

3) Seite 182.

Trennungsrechtes, die Uebersicht über das Proceßmaterial zu erleichtern, nicht erreicht werden, wenn man den Begriff des Klagegrundes in diesem Sinne nehmen wollte. Denn die Summe der rechtserzeugenden Thatsachen könnte unter Umständen eine recht hohe sein. Dies würde z. B. dann zutreffen, wenn es sich um derivativen Erwerb handelt, bei welchem durch mehrere Generationen hindurch Erbeslegitimation geführt werden muß. Hier verlangt unzweifelhaft die Uebersichtlichkeit des Proceßstoffes die Möglichkeit, auch über die Legitimation zur Sache zunächst abgesondert zu verhandeln, was auch in den norddeutschen Protokollen noch ausdrücklich hervorgehoben wird.[1]) Hier haben wir es doch aber nur mit einem Theil des Klagegrundes im Sinne der Motive zu thun.

Man wird dies auf alle Rechtsverhältnisse auszudehnen haben, welche die Voraussetzung für die Entscheidung und Geltendmachung anderer Rechte bilden.[2]) Auch hier wird sich das entschiedene Bedürfniß zu abgesonderter Verhandlung und Entscheidung über das Dasein des präjudiciellen Rechtsverhältnisses herausstellen. Diese Erwägung berechtigt aber m. E. nicht dazu, mit Fitting[3]) unter mehreren Klagegründen hinsichtlich eines und desselben Anspruchs auch den Fall zu verstehen, wenn der klagbare Anspruch nicht auf einem Rechtsatz allein, sondern auf einem Zusammenwirken verschiedener Rechtssätze beruht, z. B. wenn der Kläger das Eigenthum durch Beerbung des früheren Eigenthümers erworben hat. Denn wenn man nach den überzeugenden Ausführungen Fitting's[4]) auch zugeben muß, daß der Unterschied zwischen fundamentum proximum und remotum nach wie vor von hoher Bedeutung ist, — namentlich bezüglich der Frage, wann eine Klagänderung vorliege und wann nicht, — so muß man doch m. E. jedenfalls in dem Sinne an dem in den Motiven aufgestellten Begriffe des Klagegrundes festhalten, daß er gebildet wird durch diejenigen Thatsachen und Rechtssätze, welche die Geltendmachung des Anspruchs durch den Kläger und gegen die Person des Beklagten rechtfertigen. Ein Rechtsatz, welcher nur in Ver=

---

[1]) Seite 297.

[2]) z. B. das Bestehen der Hauptverbindlichkeit im Verhältniß zum Zinsversprechen, der Bürgschaftsschuld, dem Pfandrecht rc.

[3]) Archiv für die civilist. Praxis Bd. 61 S. 429 Anm. 11.

[4]) a. a. O. S. 422 ff. und darüber: Eccius in den Beiträgen zum Deutschen Recht Bd. 23 S. 738 oben.

bindung mit einem andern diese Wirkung zu erzielen im Stande ist, kann niemals allein den Klagegrund — auch nicht das fundamentum proximum — bilden, und es bedürfte jedenfalls noch des Nachweises, daß die R.C.P.O. in § 137 von Klagegründen in dem hier bekämpften Sinne rede. Demgemäß ist, um bei dem von Fitting gewählten Beispiel zu bleiben, die Behauptung, der Kläger habe seinen Auctor beerbt, auch nicht im Sinne des § 137 der R.C.P.O. Klagegrund, sondern nur in Verbindung mit der weiteren Behauptung, daß der Auctor das Eigenthum des Streitgegenstandes bis zu seinem Tode gehabt habe. Wohl aber würde man z. B. dann von mehreren Klagegründen reden können, wenn Kläger sein Eigenthum auf Beerbung und Ersitzung gestützt oder wenn er eine Darlehnsklage auf Anerkenntniß und den ursprünglichen Vertrag gegründet hätte. Denn in diesen Fällen rechtfertigt jeder der Stützpunkte für sich allein, ohne daß er mit dem andern verbunden zu sein braucht, den Anspruch des Klägers. Fitting selbst läßt sich übrigens neuerdings auch nur dahin aus, daß man bei dem Zusammenwirken mehrerer Rechtssätze von mehreren Klagegründen reden könne.[1]) Doch wozu einen Sprachgebrauch einführen, welcher leicht zu Mißverständnissen führen kann?

M. E. enthält nun folgende Erwägung den richtigen Gesichtspunkt:

Das Zwischenurtheil, durch welches die selbständigen Angriffs- oder Vertheidigungsmittel müssen erledigt werden können, soll zur Vorbereitung des Endurtheils dienen. Das Endurtheil selbst aber soll nur insoweit rechtskräftig werden, als über den durch Klage, Widerklage oder Compensationseinrede erhobenen Anspruch entschieden worden ist. Mit dieser letzteren Bestimmung sind die Grenzen des eigentlichen Streitgegenstandes gezogen, keineswegs aber die Grenzen des Zwischenurtheils. Die Auffassung, als ob nur diejenigen Zwischenurtheile, deren Inhalt im Endurtheil wiederholt wird, zur Vorbereitung des letzteren dienten, würde viel zu eng sein und ist auch bereits durch von Bülow mit triftigen Gründen zurückgewiesen.[2]) In der That würde auch das Gebiet der Zwischenurtheile bei dieser Auffassung auf ein Minimum beschränkt sein. Denn über Theile des Streitgegenstandes kann ja

[1]) Lehrbuch S. 103 Anm. 4 a. E.

[2]) a. a. O. S. 824.

das Zwischenurtheil nur dann erlassen werden, wenn es sich um nicht quantitative Theile handelt. Es würde also fast nichts übrig bleiben, als das Zwischenurtheil über den Klagegrund. Das würde aber schon insofern mit andern Bestimmungen der R.C.P.O. nicht im Einklang stehen, als der § 275 der R.C.P.O. auch über Einreden und Repliken Zwischenurtheil gestattet.[1]) Als Regel ist vielmehr hinzustellen, daß mindestens alle diejenigen Zwischenurtheile zur Vorbereitung des Endurtheils dienen, ohne deren Entscheidung das Gericht gar nicht zur Abgabe des Endurtheils hätte gelangen können. Das Gebiet des Zwischenurtheils bilden sonach vorzugsweise die sog. Elemente des Urtheils, die objectiven Gründe der Entscheidung, d. h. die Feststellung von Thatsachen in ihrer Eigenschaft als Voraussetzungen für die Anwendung bestimmter Rechtssätze. Gleichwohl sind aber die selbständigen Angriffs- oder Vertheidigungsmittel nicht, wie es nach richtiger Auffassung bei den Elementen des Urtheils der Fall ist, zu beschränken auf diejenigen Rechtsverhältnisse, welche das Gericht entscheiden muß, um sein Endurtheil über den geltend gemachten Anspruch abgeben zu können. Denn die Parteien können ja mehrere Angriffs- oder Vertheidigungsmittel cumulirt haben, und in diesem Falle hat keineswegs das Gericht die Verpflichtung, auf alle einzugehen, wenn es schon mit Berücksichtigung einiger zu dem Endurtheile gelangen kann. Das aber wird man jedenfalls für den Begriff der selbständigen Angriffs- oder Vertheidigungsmittel aus den Elementen des Urtheils entnehmen dürfen, daß sie in gleicher Weise, wie jene, in sich abgeschlossen sein müssen. Rein thatsächliche Anführungen über das Sachverhältniß sind also nicht selbständige Angriffs- oder Vertheidigungsmittel, sondern nur in ihrer Eigenschaft als Voraussetzungen für die Anwendung bestimmter Rechtssätze, also auch nur in Verbindung mit solchen. Deshalb ist m. E. auch ein Zwischenurtheil dahin lautend, daß diese oder jene Thatsache für festgestellt zu erachten, unzulässig.

Die ganze richterliche Thätigkeit bei der Rechtssprechung hat ja doch im Wesentlichen nur die Aufgabe, die Frage zu beantworten, ob auf Thatsachen diese oder jene Rechtssätze Anwendung finden. Auch das Urtheil über den Anspruch selbst beruht auf dieser Thätigkeit, nur daß es zugleich — abgesehen von

[1]) vergl. auch § 137 der R.C.P.O.

Feststellungsklagen — die Folgen festsetzt, welche aus der Anwendung der Rechtssätze auf das Sachverhältniß als ein Ganzes für die Parteien entspringen. Diese Folgen können sich nun schon daraus ergeben, daß ein Rechtssatz auf die Thatsachen Anwendung findet. Regelmäßig aber werden sie voraussetzen, daß mehrere Rechtssätze, die einen auf diese, die andern auf jene Thatsachen zur Anwendung gelangen, und zwar in der Art, daß sie in dem Verhältniß von Grund und Folge zu einander stehen.

Umgekehrt kann nun aber der Fall auch so liegen, daß Thatsachen, welche von einer Partei angeführt wurden, den Rechtssätzen, welche den Antrag der Partei auf Abweisung oder Verurtheilung rechtfertigen würden, nicht unterliegen. Das ist aber für die Begriffsbestimmung der selbständigen Angriffs- oder Vertheidigungsmittel irrelevant. Die nöthige Abgeschlossenheit, und damit die Eigenschaft eines Angriffs- oder Vertheidigungsmittels, erlangen die Anführungen der Parteien dadurch, daß sie sich unter einen Rechtssatz zusammenfassen lassen, beziehentlich daß die Parteien die Anwendung eines Rechtssatzes auf ihre Anführungen verlangen; — Letzteres insofern, als das Gericht es auszusprechen hat, daß die Unterlagen nicht zur Anwendung des Rechtssatzes genügen. Der anzuwendende Rechtssatz ist das Band, welches die einzelnen Anführungen der Parteien zu einem selbständigen Ganzen zusammenfaßt.

Das Gesagte ist selbstverständlich nicht so zu verstehen, als ob Parteien nun die von ihnen in Anspruch genommenen Rechtssätze ausdrücklich angeben müßten. Jura novit curia, das gilt auch hier. Aber Jeder, welcher einen Anspruch erhebt, der muß wissen, daß er dies nur auf Grund der Gesetze thun kann, und er behauptet also alle Mal stillschweigend, daß sein Anspruch durch einen oder mehrere Rechtssätze gerechtfertigt werde. Aufzufinden, welche Rechtssätze dies im concreten Falle seien, ist Sache des Richters, ebenso die Subsumirung der thatsächlichen Angaben der Parteien unter diesen oder jenen Rechtssatz. Z. B. Kläger stellt die rei vindicatio an. Er behauptet, er habe die Streitsache an dem und dem Tage gefunden und als derelinquirte in Besitz genommen. Diese Sache vorenthalte ihm nun der Beklagte, weshalb er Verurtheilung desselben zur Herausgabe des Streitgegenstandes an ihn beantrage. Die allgemeinen für die Eigenthumsklage zur Anwendung gelangenden Rechtssätze sind einmal, daß der Kläger

Eigenthümer sein, ferner daß der Beklagte die Streitsache besitzen müsse. Kläger nimmt indessen noch mehrere Rechtssätze für sich in Anspruch. Zunächst denjenigen, daß eine derelinquirte Sache herrenlos sei, dann denjenigen, daß eine herrenlose Sache der Occupation unterliege. Demgemäß würde die Summe derjenigen Thatsachen, welche angegeben wurden, um die Eigenschaft der gefundenen Sache als einer herrenlosen zu begründen, ein selbständiges Angriffsmittel bilden. Das Gericht würde also Zwischenurtheil dahin erlassen können, daß die gefundene Sache im Moment des Fundes für herrenlos zu erachten. Diejenigen Thatsachen aber, welche Kläger zur Begründung seiner Behauptung, er habe die Sache occupirt, angab, würden dahin Seitens des Gerichts in einem Zwischenurtheil zusammengefaßt werden können, daß Kläger für den Eigenthümer des Streitgegenstandes zu erachten.

Deshalb definire ich die selbständigen Angriffs- oder Vertheidigungsmittel als **thatsächliche Anführungen, welche die Parteien zur Begründung oder Bekämpfung des geltend gemachten Anspruchs vorbringen und welche sich unter einen dem materiellen Recht angehörenden Rechtssatz zusammenfassen lassen.**

Im Großen und Ganzen auf dasselbe kommt nun auch die Definition, welche Fitting von den selbständigen Angriffs- oder Vertheidigungsmitteln gibt, hinaus. Derselbe[1]) definirt die fraglichen Rechtsbehelfe als solche Behauptungen, welche einen zur Rechtfertigung oder Bekämpfung eines Anspruchs dienlichen besonderen Rechtsbegriff (wie z. B. Eigenthum, Darlehnsforderung, Zahlung, Verjährung und dergl.) darstellen, und man möchte vielleicht geneigt sein, dieser Formulirung wegen ihrer Faßlichkeit den Vorzug zu geben. Gegen die Definition der selbständigen Angriffs- oder Vertheidigungsmittel als zur Rechtfertigung oder Bekämpfung eines Anspruchs vorgebrachter Thatsachen in ihrer Eigenschaft als Voraussetzung der Anwendung von Rechtssätzen möchte man nämlich einwenden wollen, daß es namentlich bei unseren Codificationen schwierig sei, die einzelnen Rechtssätze auszuscheiden, weil häufig in einen Gesetzesparagraphen verschiedene Rechtssätze zusammengedrängt würden.[2]) Aber auch innerhalb eines Rechts-

---

[1]) Lehrbuch S. 107.

[2]) vergl. z. B. die §§ 420, 434, 440, I. 11 des A.L.R.

begriffes können mehrere andere zur Sprache kommen. So stellt ja, um bei dem vorhin besprochenen Beispiel zu bleiben, der Kläger die in einen Rechtsbegriff zusammenzufassende Behauptung auf, er sei Eigenthümer. Diese Behauptung umfaßt aber zugleich noch zwei andere Rechtsbegriffe, den der Dereliction und der Occupation, denn Kläger behauptet, er sei Eigenthümer geworden durch Inbesitznahme einer derelinquirten Sache. Dazu kommt, daß wohl kaum in allen Fällen eine Einrede oder Replik einen besonderen Rechtsbegriff darstellen wird, und dennoch Einreden und Repliken ganz allgemein in § 137 der R.C.P.O. als Beispiele selbständiger Angriffs- oder Vertheidigungsmittel angeführt sind. Wenn z. B. Beklagter einer Darlehnsforderung von 100 gegenüber den Einwand der Zahlung erhebt und Kläger replicirt, er habe die Zahlung Mangels näherer Bestimmung des Beklagten auf eine andere, ihm gegen denselben zustehende Forderung verrechnet, so kann es schon zweifelhaft erscheinen, ob sich diese Replik in einen besonderen Rechtsbegriff zusammenfassen läßt. Indessen hier könnte man die Operation des Verrechnens immer noch als eine Compensation auffassen. Wie aber, wenn A. die hereditatis petitio ab intestato anstellt und der Beklagte einwendet, der Erblasser sei mit einem Testament verstorben? Man wird diesen Einwand doch als Einrede im Sinne des Proceßrechts aufzufassen haben, denn nach gemeinem Recht wenigstens genügt es zur Substantiirung der hereditatis petitio ab intestato, wenn Kläger den Tod des Erblassers und das Verhältniß beweist, kraft dessen er gesetzlicher Erbe zu sein behauptet, während der Nachweis, daß Kläger gleichwohl nicht Erbe sei, dem Beklagten obliegt.[1]) In einen bestimmten Rechtsbegriff aber läßt sich dieser Einwand nicht fassen. Dasselbe gilt nach preußischem Rechte von den Verträgen über die Verjährung.[2]) Mag hier die Verjährungsfrist vertragsmäßig verlängert oder verkürzt, oder gänzlich ausgeschlossen sein, einen bestimmten Rechtsbegriff bildet diese der Einrede entgegengesetzte Replik nicht. Denn wenn man sagen wollte, es läge hier eine exceptio pacti vor, so wäre damit gar nichts gewonnen. Man müßte doch nach dem Inhalt des pactum fragen, man müßte ferner prüfen, ob der

---

[1]) Arndt's Pandecten § 532. Nach preußischem Recht gestaltet sich die Sache etwas anders wegen des Gesetzes vom 12. März 1869.

[2]) § 565—567, I, 9 des A.L.R.

Inhalt desselben ein erlaubter wäre und müßte demgemäß auf den Rechtssatz zurückgehen, welcher der Vertragsbestimmung zu Grunde liegt.

Wohl aber paßt in allen diesen Fällen die von uns aufgestellte Regel. Die Thatsache des Verrechnens fällt unter den Rechtssatz, daß der Gläubiger Mangels näherer Vereinbarung auf diejenige Post anrechnen dürfe, welche ihm am wenigsten Sicherheit bot.[1]) Wenn ferner der hereditatis petitio ab intestato gegenüber der Einwand, der Erblasser sei gestorben, erhoben wird, so beruft der Excipient sich damit auf die Rechtsregel, daß der Testamentserbe dem Intestaterben vorgehe. Endlich in den Fällen der Verjährung macht der Replicant den Rechtssatz geltend, daß die Verjährung innerhalb der gesetzmäßigen Fristen nur ablaufe, wenn die Parteien nicht das Gegentheil verabredet haben. —

Aus dem Gesagten ergibt sich ganz von selbst, daß nicht nur über den Klagegrund abgesondert erkannt werden kann, sondern über alle Rechtsverhältnisse, welche zwar nicht selbst das in Anspruch genommene Recht erzeugten, aber doch die Voraussetzung, sei es für die Entstehung, sei es für die Geltendmachung des Anspruchs, bilden, und zwar nicht allein für die Geltendmachung an sich, sondern auch durch die bestimmte Person des Klägers und gegen den bestimmten Beklagten.[2]) Ferner gehören zu den selbständigen Vertheidigungsmitteln nicht allein die Exceptionen im Sinne des römischen Rechts, sondern überhaupt alle selbständigen Gegenbehauptungen, durch welche das klägerische Recht entweder als gar nicht entstanden, oder doch als wieder aufgehoben hingestellt werden soll.

Man wird aber von unserer Begriffsbestimmung der selbständigen Angriffs- oder Vertheidigungsmittel aus zugleich auch den richtigen Standpunkt zur Beantwortung der Frage gewinnen, ob darauf etwas ankomme, daß den einzelnen Streitpunkten ein eigenes thatsächliches Fundament zu Gebote stehe, oder ob es genüge, daß sie nur ein eigenes rechtliches Fundament besitzen. Die Frage ist streitig; Endemann und Struckmann und Koch, endlich

---

[1]) So nach preußischem Recht, welches im Gegensatz zum gemeinen einseitig das Interesse des Gläubigers berücksichtigt. §§ 150 ff. I. 16 des A.L.R., Windscheid, Pandecten § 343.

[2]) vergl. jedoch unten § 13.

Gaupp neigen sich der letzteren Ansicht zu, während Wach und von Bar ein selbständiges thatsächliches Fundament verlangen.[1])

Wenn nun nach den bisherigen Ausführungen unter selbst. Angriffs- oder Vertheidigungsmitteln thatsächliche Anführungen, welche die Parteien zur Begründung oder zur Bekämpfung des in Streit befangenen Anspruchs vorbrachten, in ihrer Eigenschaft als Voraussetzung für die Anwendung eines materiellen Rechtssatzes zu verstehen sind, so ist die durch Wach und von Bar vertretene Meinung offenbar die richtige. Bloße Rechtsdeductionen gehören nicht zu den selbständigen Streitmitteln. Diese Rechtsdeductionen könnten doch immer nur den Zweck haben, nachzuweisen, daß auf die vom Gegner vorgebrachten Thatsachen nicht dieser, sondern ein anderer Rechtssatz Anwendung finde. Darüber zu urtheilen ist aber Amtspflicht des Richters, die auch schon dann vorliegt, wenn der Beklagte nur das Recht des Klägers bestritten hat. Wenn also z. B. Kläger Verzugszinsen verlangt, Beklagter aber in Verzug zu sein bestreitet, weil, was Kläger auch gar nicht behauptet hatte, keine Mahnung erfolgt sei, so hat der Richter offenbar zu prüfen, ob die vom Kläger angeführten Thatumstände die Anwendung des prätendirten Rechtssatzes — daß nämlich auch ohne Mahnung Verzug vorliege — rechtfertigen, und er ist dann berechtigt, das Resultat seiner Prüfung in einem Zwischenurtheil niederzulegen. Ebenso liegt folgender Fall: A. hat die durch Pfandrecht versicherte Schuld eines Andern bezahlt. Er stellt jetzt gemäß § 46 I. 16 des A.L.R. ex iure cesso des befriedigten Gläubigers die actio hypothecaria gegen den Schuldner an. Der wendet ein, daß es nach § 47 I. 16 l. c. zum Uebergange des Pfandrechts auf den Zahler der ausdrücklichen Cession bedürfe. Auch hier muß der Richter, sobald der Beklagte seine Verpflichtung bestritten, von Amtswegen sich darüber schlüssig machen, ob durch die Thatsache der Zahlung die Anwendung des Rechtssatzes, daß die bezahlte Forderung mit ihren Beirechten auf den Zahler übergegangen sei, gerechtfertigt werde. Der Hinweisung auf § 47 I. 16 Seitens des Beklagten bedarf es wieder nicht.

Freilich ist nun eine Hinweisung des Beklagten darauf, daß

---

[1]) Endemann a. a. O. Bd. I S. 484. Struckmann u. Koch S. 112. Gaupp zu § 136 Anm. II, 3. Dagegen Wach Vorträge S. 32 und von Bar, das deutsche Civilproceßrecht mit Rücksicht auf die Justizgesetze des deutschen Reichs in den Grundzügen systematisch dargestellt S. 41.

durch die vom Gegner vorgebrachten Thatsachen die Anwendung des prätendirten Rechtssatzes nicht gerechtfertigt werde, keineswegs immer überflüssig. Sie ist z. B. nothwendig bei der Einrede der Verjährung. Wenn der Beklagte seine Verbindlichkeit lediglich bestreitet und den Einwand der Verjährung nicht erhebt, so darf der Richter, auch wenn aus dem Klagevortrag der Ablauf der Verjährungsfrist hervorgeht, die Verjährungseinrede nicht von Amtswegen berücksichtigen. Trotzdem aber wird man auch für diesen Fall behaupten müssen, daß es sich nicht um reine Rechtsdeduction, sondern um die Frage handelt, ob die vom Kläger angegebenen Thatsachen seine Behauptung, er sei klagberechtigt, rechtfertigen.

Ferner aber wird man doch auch zugestehen müssen, daß ein practisches Bedürfniß, reine Rechtsfragen zu den selbständigen Streitmitteln zu zählen, absolut nicht besteht. Eine abgesonderte Verhandlung über dieselben behufs Sichtung des Proceßmaterials gemäß § 137 der R.C.P.O. erscheint gänzlich überflüssig. Soweit aber ein Bedürfniß für Erlassung eines Zwischenurtheils über Rechtsdeductionen anerkannt werden muß, wird demselben insofern genügt, als in dem Zwischenurtheil des Richters, daß aus den thatsächlichen Anführungen des Gegners nicht die Anwendung des prätendirten Rechtssatzes folge, zugleich auch schon eine Entscheidung der Rechtsfrage liegt.

Dazu kommt schließlich noch, daß man bei einer Subsumirung bloßer Rechtsdeductionen unter den Begriff der selbständigen Streitmittel doch auch die für die selbständigen Angriffs- oder Vertheidigungsmittel vorgeschriebenen Grundsätze über verspätetes Vorbringen[1]) auf dieselben anwenden müßte. Das erscheint aber unmöglich, da der Richter die Rechtsfrage von Amtswegen zu prüfen hat.

§ 8.

Das Gebiet des Zwischenstreites.

Nach den bisherigen Ausführungen scheiden von dem Inhalt des Zwischenstreites der Streitgegenstand und die selbständigen Angriffs- und Vertheidigungsmittel aus. Fitting[2]) definirt deshalb den Zwischenstreit unter den Parteien zunächst negativ als

---

[1]) § 251 der R.C.P.O.

[2]) Lehrbuch S. 122 u. 123.

„jeden im Laufe des Processes auftauchenden besonderen Streitpunkt, welcher die Hauptsache selbst, d. h. die erhobenen Ansprüche und die zur Rechtfertigung oder Bekämpfung derselben geltend gemachten Klagegründe, Einreden, Repliken u. s. w. nicht unmittelbar betrifft, dessen Entscheidung aber — wie er positiv hinzusetzt — für die Entscheidung der Hauptsache oder in Rücksicht auf das Verfahren erforderlich ist". Es fragt sich, ob man dabei stehen zu bleiben hat, oder ob es nicht möglich ist, die Frage nach dem Inhalt des Zwischenstreites noch bestimmter zu beantworten? Zu diesem Behuf empfiehlt sich ein näheres Eingehen auf die von Fitting aufgestellte Definition. Von besonderer Bedeutung erscheint dabei seine Behauptung, die Entscheidung des Zwischenstreitpunktes müßte für die Entscheidung der Hauptsache oder in Rücksicht auf das Verfahren erforderlich sein. Einerseits berechtigt die Forderung, daß der Streitpunkt für die Entscheidung der Hauptsache von Bedeutung sein müsse, zu der gewiß sehr bedeutungsvollen Folgerung, daß also nach der Entscheidung der Hauptsache zur Sprache kommende Streitpunkte nicht Zwischenstreitpunkte sein können. Andererseits scheint diese Abgrenzung durch den Zusatz, daß Zwischenstreitpunkte auch solche Streitpunkte sein könnten, deren Entscheidung in Rücksicht auf das Verfahren erforderlich sei, wieder in Frage gestellt zu werden. Denn als auf das Verfahren bezügliche Streitpunkte kann man auch solche bezeichnen, welche in der Executionsinstanz sich herausstellen und erledigt werden. Die Subsumirung dieser letzteren unter die Zwischenstreitpunkte liegt aber doch wohl nicht in Fitting's Sinn. Denn einmal beschränkt er den Zwischenstreit unter den Parteien auf die im Laufe des Processes auftauchenden besonderen Streitpunkte. Ferner aber scheint der fragliche Zusatz bei Fitting durch die Definition hervorgerufen zu sein, welche der Zwischenstreit in § 336 des preuß. Entwurfes erfahren hat, und nach welcher man unter Zwischenstreit einen Streit in Bezug auf das Verfahren, von dessen Erledigung das weitere Verfahren abhängig ist, zu verstehen hat. Nach den Motiven zu diesem Paragraphen ist aber das „weitere Verfahren" gleich der „Fortsetzung der Sache", und setzt also voraus, daß das Endurtheil noch nicht rechtskräftig gesprochen sei. Dies wird auch bestätigt durch § 418 Abs. 3 des norddeutschen Entwurfes, welcher es in das Ermessen des Gerichts stellt, die Erledigung des Zwischenstreites bis zur Entscheidung der Hauptsache vorzubehalten. Damit stimmt endlich auch die Bemerkung der Motive zu § 275 der R.C.P.O. überein, nach welcher das Zwischenurtheil zur Vorbereitung des Endurtheils dienen und einen anticipirten Bestandtheil der Endentscheidung bilden soll. Deshalb wird man zwar nicht verlangen dürfen, daß die Entscheidung des Zwischenurtheils geradezu in den Tenor des Endurtheils aufgenommen werden müsse. Aber, daß in der That das Zwischenurtheil zur Vorbereitung des Endurtheils dienen soll, ergibt sich daraus, daß das erstere durch Rechtsmittel nicht anfechtbar ist, während die erfolgreiche Anfechtung des Endurtheils zugleich alle Zwischenurtheile hinfällig macht. Nur gegen das Versäumniß-Zwischenurtheil soll zwar nicht das Rechtsmittel, aber doch der Rechtsbehelf des Einspruchs zulässig sein. Aber auch hier deutet schon die Bezeichnung als Zwischenurtheil darauf hin, daß der Proceß noch nicht zu Ende sein darf, gleichwie es, um mit den einst von Morstadt gebrauchten Worten zu reden, nach ausgespieltem Drama nicht noch einen Zwischenact geben kann.

Man wird demnach als erstes Erforderniß für die Zwischenstreitsqualität aufstellen müssen, daß der betreffende Streitpunkt einen Theil des Processes bildet. Dann wird sich aber auch zweitens ergeben, daß es processualische Streitpunkte sind, welche das Gebiet des Zwischenstreits ausmachen.

I. Der Streitpunkt muß, um Zwischenstreitpunkt sein zu können, einen Theil des Processes bilden. Dazu genügt aber nicht, daß er äußerlich im Laufe eines Processes erledigt wird, sondern er muß auch sachlich in den Zusammenhang des Hauptprocesses gehören. Und zwar bestimmt sich diese Hineingehörigkeit in den Hauptproceß durch die Beziehung des fraglichen Streitpunktes zur Endentscheidung des Processes, welche darin besteht, daß die Endentscheidung ohne die vorherige oder wenigstens gleichzeitige Erledigung des betreffenden Streitpunktes nicht erfolgen kann.

Dies soll vorerst näher ausgeführt werden.

1) Der Streitpunkt muß im Laufe und Zusammenhange des Processes nicht allein auftauchen, sondern auch erledigt werden. Ein Streitpunkt, welcher im Laufe des Processes lediglich auftaucht, ist nicht Zwischenstreitpunkt, wenn er später den Inhalt eines besonderen Processes bildet. Wenn demgemäß im Laufe des Processes sich darüber Streit erhebt, ob der Gegner des Beweis-

führers zur Edition einer Urkunde verpflichtet sei oder nicht, der Beweisführer aber diesen Streitpunkt fallen läßt und gemäß § 231 der R.C.P.O. Klage auf Feststellung seines Eigenthums an der im Besitz des Beklagten befindlichen Urkunde erhebt, so haben wir es hier nicht mit einem Zwischenstreit zu thun. Andererseits ist es gleichgültig, daß der betreffende Streitpunkt auch Inhalt eines besonderen Processes sein könnte, wenn er es nicht wirklich ist. Der Streit um die Herausgabe einer Urkunde kann recht gut den Inhalt eines besonderen Processes, aber ebenso wohl einen Zwischenstreit unter den Parteien bilden. Er wird in den Motiven geradezu als Beispiel eines Zwischenstreites aufgeführt, dessen Voraussetzung unter Anderm auch darin besteht, daß der Beweisführer nach den Vorschriften des bürgerlichen Rechts auch außerhalb des Processes die Herausgabe der Urkunde oder deren Vorlegung zu verlangen berechtigt ist, z. B. als Allein- oder Miteigenthümer.[1]) In gleicher Weise kann man auch nach § 231 der R.C.P.O. auf Anerkennung einer Urkunde oder Feststellung ihrer Unechtheit klagen, und gleichwohl ist in den Motiven der Streit um die Echtheit einer Urkunde als Zwischenstreit bezeichnet.

Natürlich muß es nun auch für die Qualität als Zwischenstreit gleichgültig sein, ob das Proceßgericht selbst oder ein beauftragter oder ersuchter Richter die Erledigung des Streitpunktes bewirke. Denn im Allgemeinen müssen die Schritte des ersuchten oder beauftragten Richters geradezu als von dem Proceßgericht selbst gethan gelten. Er übt seine Befugnisse überhaupt kraft der Uebertragung Seitens des Proceßgerichts und steht demgemäß an Stelle desselben, was jedoch nicht ausschließt, daß seine Entscheidung durch das Proceßgericht geändert werden kann (§ 539). Demgemäß bezeichnet auch der § 331 der R.C.P.O. die bei der Beweisaufnahme vor einem beauftragten oder ersuchten Richter sich erhebenden Streitigkeiten als Zwischenstreitigkeiten, gleichgültig, ob sie der ersuchte oder beauftragte Richter selbst entscheiden darf oder nicht. Denn ich halte es für unzulässig, die fragliche Gesetzesbestimmung so aufzufassen, als seien nur diejenigen bei der Beweisaufnahme vor dem beauftragten oder ersuchten Richter sich ergebenden Streitigkeiten, zu deren Entscheidung der beauftragte oder ersuchte Richter nicht berechtigt ist, Zwischenstreite genannt. Deshalb ist aller-

[1]) § 387 Nr. 1 der R.C.P.O.

dings der Streit über die Zulässigkeit einer an den Zeugen gerichteten Parteienfrage Zwischenstreit.[1]) Andererseits aber halte ich den Streit über Ablehnung eines Sachverständigen, zu dessen Erledigung der beauftragte oder ersuchte Richter ebenfalls bisweilen befugt ist, nicht für einen solchen. Denn die Entscheidung über das Ablehnungsgesuch muß durch Beschluß erfolgen.[2]) Und wo Entscheidung durch Beschluß vorgeschrieben ist, da kann, wie sich noch zeigen wird, von einem Zwischenstreit nicht die Rede sein.

Es ist demnach nicht richtig, wenn von Wilmowsky und Lewy[3]) die Zwischenstreite geradezu als Verhandlungen der Parteien vor dem erkennenden (im Gegensatz zum beauftragten oder ersuchten) Richter bezeichnen.[4])

2) Aber auch der Sache nach muß der betreffende Streitpunkt, um Zwischenstreitpunkt sein zu können, in den Hauptproceß hineingehören. Damit ist keineswegs gesagt, daß ohne die vorherige Erledigung des betreffenden Streitpunktes eine Fortsetzung des Verfahrens nicht solle statt haben können. Zwar der § 336 des preußischen Entwurfs von 1864 definirte den processualischen Zwischenstreit geradezu als einen Streit in Bezug auf das Verfahren, von dessen Erledigung das weitere Verfahren abhängig ist. Jedoch schon der § 418 Abs. 3 des norddeutschen Entwurfs gestattete dem Gericht, die Erledigung des Zwischenstreits bis zur Erledigung der Hauptsache vorzubehalten. Schon danach war also nur eine derartige Sachlage vorausgesetzt, daß ohne die vorherige oder wenigstens gleichzeitige Erledigung des betreffenden Streitpunktes die Endentscheidung nicht erfolgen konnte. Dies ist nun auch die Auffassung der R.C.P.O. Denn der Zwischenstreitpunkt kann wohl eine für die Fortsetzung des Verfahrens präjudicielle Bedeutung haben, er muß es aber nicht. Das Erstere ergibt sich aus § 331 der R.C.P.O., wo ein bei der Beweisaufnahme sich erhebender Streit, von dessen Erledigung die Fortsetzung der Beweisaufnahme abhängig ist, geradezu als Zwischenstreit bezeichnet wird. Das Letztere ersieht man aus den in den Motiven hervorgehobenen Zwischenstreitsbeispielen, unter denen neben Andern der Streit über die Zulässigkeit eines Beweismittels

---

1) § 365 der R.C.P.O., vergl. § 362 u. 131 der R.C.P.O.
2) § 371 Abs. 5 der R.C.P.O.
3) Commentar II. Auflage S. 152.
4) Dagegen auch Gaupp, Anm. III zu § 280 der R.C.P.O.

genannt ist. Wenn nun das Beweismittel in der Eideszuschiebung bestand und der Delat nur unter Bestreitung der Zulässigkeit der Eideszuschiebung acceptirte, so wird man nicht bezweifeln können, daß der Richter diesen Streit einfach dadurch erledigen darf, daß er nach Schluß der Verhandlung auf Leistung des Eides durch bedingtes Endurtheil erkennt.

Nach diesen Ausführungen wird namentlich in folgenden Fällen nicht von einem Zwischenstreit die Rede sein können, obwohl dieselben von Vielen gerade umgekehrt als Beispiele von Zwischenstreiten aufgeführt werden:

a) Beim Streit über den Antrag auf Beweis zum ewigen Gedächtniß, oder wie die R.C.P.O. sich ausdrückt, „Sicherung des Beweises". Zwar läßt sich nicht leugnen, daß die Sicherung des Beweises zur Vorbereitung des Endurtheils dient. Denn gerade die Erwägung, daß es Fälle gibt, in denen eine Beweisaufnahme im regelmäßigen Lauf des Verfahrens zu spät erfolgen würde, hat zur Zulassung des ganzen Instituts geführt. Trotzdem aber hat man es, wenn die Sicherung des Beweises selbst innerhalb eines schwebenden Processes und nur an ungewöhnlicher Stelle verlangt würde, noch nicht mit einem Streitpunkt zu thun, ohne dessen vorherige oder wenigstens gleichzeitige Erledigung die Endentscheidung nicht erfolgen kann. Denn ob Beweis zum ewigen Gedächtniß statt hatte oder nicht, ist zunächst für die Endentscheidung gleichgültig, weil diese Beweisaufnahme noch nicht Theil des Processes ist. Es steht ganz im Belieben der Parteien, ob sie von dem Resultat der Beweisaufnahme Gebrauch machen und auf die Beweisprotocolle als Beweismittel sich beziehen wollen. Die Sache liegt hier umgekehrt, wie bei der gewöhnlichen Beweisaufnahme. Die letztere bildet, wenngleich sie nicht mehr, wie im seitherigen gemeinen Proceß, die Bedeutung eines besonderen Proceßabschnittes besitzt, sondern lediglich ein in den regelmäßigen Lauf des Processes sich einschiebendes Zwischenverfahren darstellt, nichts desto weniger einen Theil des Processes. Dies zeigt sich vor Allem in der Verpflichtung des Gerichts, aus den etwa stattgehabten Beweisverhandlungen seine Ueberzeugung für die Rechtsprechung zu schöpfen.[1]) Die Beweisaufnahme zum ewigen Gedächtniß dagegen hat für den Proceß erst dann präjudicirliche Bedeutung, wenn die Parteien bei

---

[1]) § 259 der R.C.P.O.

der Beweisantretung auf die Beweisprotocolle als Beweisurkunden sich berufen.[1])

b) Bei Streitigkeiten in der Executionsinstanz. Das Streitverhältniß erlischt mit dem rechtskräftigen Erkenntniß, also kann auch ein Streit in der Executionsinstanz nicht Zwischenstreit sein. Dies selbst dann nicht, wenn ausnahmsweise die Zwangsvollstreckung vor der Rechtskraft des Erkenntnisses gestattet sein sollte. Denn es handelt sich in solchem Falle nur um eine Anticipation. Ebendeshalb richten sich auch die Einwendungen in der Executionsinstanz, mögen sie nun die Zulässigkeit der Vollstreckungsklausel oder die Art und Weise der Zwangsvollstreckung oder endlich den durch das Urtheil festgestellten Anspruch betreffen, nur gegen die Zwangsvollstreckung selbst, nicht auf eine Aufhebung oder Abänderung des zu vollstreckenden Erkenntnisses. Zwar das läßt sich nicht leugnen, daß in der Executionsinstanz Streitigkeiten vorkommen können, welche nach ihrem Inhalt Zwischenstreitpunkte sind. Beweiseinreden sollen ja den Inhalt von Zwischenstreiten bilden und können doch auch in der Executionsinstanz vorgeschützt werden. So kann z. B. der exequendus eine Quittung über bereits erfolgte Zahlung produciren und der Executionssucher die Echtheit der Quittung bestreiten. Auch ist zuzugeben, daß die Entscheidung dieses Streites auf das Urtheil höherer Instanz von Einfluß sein könnte, zumal in der Quittung auch zugleich ein Erlaßvertrag liegen kann. Aber Zwischenstreit wäre dieser in der Executionsinstanz geführte Streit über die Echtheit der Urkunde noch nicht. Er bildet noch keinen Theil des Processes. Denn wenn Parteien in höherer Instanz die Quittung nicht noch erwähnen, so wird der ganze Zwischenstreit ignorirt.[2])

c) Bei dem Streit um Anlegung eines Arrestes oder Erlassung einer einstweiligen Verfügung. Beide, Arrest und einstweilige Verfügung, werden als bloße Sicherungsmittel der Zwangsvollstreckung aufgefaßt. Folgt man dieser Bemerkung der Motive, so ergibt sich daraus, daß Streitigkeiten über die Anlegung eines

---

[1]) § 454 der R.C.P.O. Jeder Partei ist nur das Recht zugesprochen, die Beweisverhandlungen in dem Proceß zu benutzen.

[2]) Natürlich können, wenn Einwendungen bezüglich des durch das Urtheil festgestellten Anspruchs im Wege der Klage beim Proceßgericht I. Instanz geltend gemacht werden (§ 686), innerhalb dieses Processes wiederum Zwischenstreite vorkommen.

Arrestes ebenso wenig Zwischenstreite sein können, als Streitigkeiten über die Zwangsvollstreckung selbst. Es ist hier nicht der Ort, die Frage, ob jene Auffassung der Motive richtig sei oder nicht, endgültig zu beantworten. Ich für meinen Theil bin mit Drechsler[1]) der Meinung, daß das Arrestverfahren nach wie vor ein besonderer Proceß ist. Den Inhalt desselben bildet freilich einzig und allein die Sicherstellung der gefährdeten Forderung. Dieser Anspruch auf Sicherstellung ist aber Streitgegenstand und kann deshalb nicht Zwischenstreit sein. Gibt man aber der Ansicht der Motive den Vorzug, so ist ebenfalls nicht abzusehen, wie die Erledigung des Streites über die Anlegung eines Arrestes zur Vorbereitung des Endurtheils in der Hauptsache dienen könnte. Für die Beantwortung unserer Frage ist es also gleichgültig, ob man sich zu der Auffassung der Motive bekennt oder an der bisherigen Auffassung des Arrestes als einer besonderen Proceßart festhält.[2])

Aus gleichen Gründen, wie den Streit über Verhängung eines Arrestes, wird man nun auch den Streit über Erlassung einstweiliger Verfügungen vom Inhalt des Zwischenstreites ausschließen müssen. Dies ist bei denjenigen Verfügungen, welche gleich dem Arrest zur Sicherung der zukünftigen Zwangsvollstreckung dienen sollen, selbstverständlich. Denn der ganze Unterschied zwischen diesen einstweiligen Verfügungen und dem Arrest besteht darin, daß der letztere die Erlangung einer Geldsumme, die ersteren dagegen die Erlangung eines individuell bestimmten Gegenstandes sichern sollen. Indessen das Gesetz kennt auch noch eine andere Classe einstweiliger Verfügungen, deren Bestimmung es ist, hinsichtlich eines streitigen Rechtsverhältnisses einen provisorischen

---

[1]) in der Zeitschrift für Civilproceß Bd. I S. 209 und darüber Eccius in den Beiträgen zum Deutschen Recht Bd. XXIII S. 736.

[2]) Nach § 821 des preußischen Entwurfs von 1864 sollte ein im Laufe des Hauptprocesses erhobener Antrag auf Anlegung eines Arrestes allerdings nach den Grundsätzen über den processualischen Zwischenstreit behandelt werden. Daraus ergibt sich aber schon, daß der Streit über den fraglichen Antrag im Grunde genommen nicht als Zwischenstreit aufgefaßt wurde. M. E. wird man den Arrestproceß wegen seiner accessorischen Natur passend als Nebenstreit bezeichnen. Von Bülow (in den Beiträgen Bd. XXII S. 815) und Struckmann und Koch (a. a. O. S. 108) fassen den Streit über die Anlegung eines Arrestes als Zwischenstreit auf. Vergl. dagegen jedoch Fitting a. a. O. S. 123 Anm. 5.

Zustand herzustellen.[1]) Wenn eine Partei innerhalb des Hauptprocesses und bei dem Proceßgericht den Erlaß einer solchen einstweiligen Verfügung beantragt, so liegt allerdings ein Fall vor, in welchem die Erledigung des Streitpunktes spätestens mit der rechtskräftigen Entscheidung des Hauptprocesses erfolgen muß, — wenn sie überhaupt erfolgen soll. Man setze z. B., daß eine Ehefrau, welche mit ihrem Ehemann wegen Sävitien einen Scheidungsproceß führt, bis zur Entscheidung über die Ehescheidungsklage von ihrem Ehemann getrennt leben zu dürfen und die einstweilige Zahlung von Alimenten verlangt. In solchem Falle würde man naturgemäß von einem Provisorium oder Interimisticum nach rechtskräftiger Entscheidung des Hauptprocesses gar nicht reden können. Gleichwohl aber handelt es sich m. E. gar nicht um einen Zwischenstreit, auch wenn die einstweilige Verfügung während des Schwebens des Hauptprocesses und bei dem Gewicht der Hauptsache erstrebt werden sollte. Denn von einer Vorbereitung der Hauptentscheidung durch die Erledigung des Streitpunktes ist auch in solchem Falle keine Rede. Es handelt sich ja eben um eine einstweilige Verfügung, durch deren Erlaß selbstverständlich weder die Entscheidung in der Hauptsache präjudicirt, noch in dem materiellen Rechte der Parteien oder in den hierdurch gegebenen Parteirollen etwas geändert werden kann. Deshalb wird auch durch diese einstweiligen Verfügungen die Fällung des Endurtheils in keiner Weise beeinflußt. Vielmehr wird, wenn der Hauptproceß bereits bis zur Endentscheidung gediehen ist, die letztere erlassen und eine etwa beantragte einstweilige Verfügung dadurch erübrigt.

II. Nunmehr endlich wird man die Frage nach dem Inhalt des Zwischenstreites m. E. positiv dahin beantworten können, daß sein Gebiet nur processualische Streitpunkte umfaßt. Denn wenn, wie eben gezeigt, der Streit in der Executionsinstanz oder um Erlassung einer einstweiligen Verfügung, Anlegung eines Arrestes oder Beweisaufnahme zum ewigen Gedächtniß nicht Zwischenstreit sein kann, wenn ferner, wie früher nachgewiesen, der Streitgegenstand und die selbständigen Angriffs- oder Vertheidigungsmittel von dem Inhalt des Zwischenstreites ausscheiden, so bleiben eben nur processualische Streitpunkte übrig.

---

[1]) § 819 der R.C.P.O. Z. B.: Erziehung der Kinder während des Scheidungsprocesses, Regelung des Besitzstandes, der Alimentationspflicht, einstweilige Sistirung des Baues bei Baustreitigkeiten ꝛc.

Was versteht man aber unter processualischen Streitpunkten? Welcher Grad von Abgeschlossenheit gehört dazu, um sie einem Zwischenurtheil zu unterwerfen? Für die Beantwortung zunächst der letzteren Frage ist es nöthig, an das zu erinnern, was über die selbständigen Angriffs- oder Vertheidigungsmittel bereits früher gesagt ist.[1]) Denn eine ähnliche Selbständigkeit als für die Angriffs- oder Vertheidigungsmittel wird auch für processualische Streitpunkte verlangt. Gelegentlich der Besprechung der ersteren hatte ich mich nun dahin geäußert,[2]) daß die Thätigkeit des Gerichts schließlich nur in der Subsumirung von Thatsachen unter Rechtsregeln in der Beantwortung der Frage bestehe, ob eine oder mehrere Thatsachen die Anwendung dieses oder jenes Rechtssatzes rechtfertigen, und daß diejenigen, zur Begründung oder Abwehr des Anspruchs angeführten Thatsachen, welche unter einen dem materiellen Rechte angehörenden Rechtssatz fallen, in Verbindung mit diesem das selbständige Angriffs- oder Vertheidigungsmittel ausmachen. Das Gericht hat nun aber nicht allein sich darüber schlüssig zu machen, ob angeführte Thatsachen die Anwendung dieses oder jenes materiellrechtlichen Rechtssatzes rechtfertigen, sondern es hat dieselbe Thätigkeit auch bezüglich der Anwendung von Proceßregeln vorzunehmen.

Diese Gegenüberstellung von materiellrechtlichen Rechtssätzen und Proceßregeln ergibt nun schon, in welchem Sinne hier von processualischen Streitpunkten die Rede ist. Nicht sind es solche Streitpunkte, bei welchen es genügt, daß überhaupt die Anwendung eines in der R.C.P.O. enthaltenen Rechtssatzes in Frage steht. Denn in derselben sind auch materiellrechtliche Rechtssätze enthalten. Sondern es sind Streitpunkte, welche sich auf das Verfahren in bürgerlichen Rechtsstreitigkeiten beziehen. Denn „Proceß" bezeichnet eben bei uns nach dem Vorgang der älteren Canonisten soviel als „gerichtliches Verfahren".[3]) Diese Auffassung des Begriffs der processualen Streitpunkte wird durch § 336 des preußischen Entwurfs von 1864 bestätigt, nach welchem der processuale Zwischenstreit als „Streit in Bezug auf das Verfahren" definirt wird.

---

[1]) Vergl. S. 54 ff.

[2]) Vergl. oben § 7 S. 60.

[3]) Wetzell a. a. O. § 1 Anm. 5.

Freilich ist nun auch der Streit um Edition einer Urkunde in den Motiven unter den Zwischenstreitspunkten aufgeführt. M. E. steht jedoch nichts im Wege, auch diesen Streit als einen solchen in Bezug auf das Verfahren zu bezeichnen. Denn nicht lediglich um die materiellrechtliche Verpflichtung zur Herausgabe oder Vorweisung einer Urkunde wird gestritten, sondern um die Verpflichtung zur Vorlegung einer Urkunde im Proceß und auf ein einfaches Editionsgesuch hin. Es handelt sich hier eben um Herbeischaffung eines Beweismittels, und die Lehre von den Beweismitteln gehört unstreitig dem Proceßrecht an. Ebenso wenig steht unserer Auffassung der § 217 der R.C.P.O. entgegen, welcher einen Zwischenstreit über den Eintritt eines Rechtsnachfolgers in den Proceß zuläßt.[1]) Denn auch hier bildet den Streitpunkt nicht lediglich die materiellrechtliche Frage, ob Jemand Rechtsnachfolger einer verstorbenen Partei geworden ist, sondern vielmehr die Frage, ob er als Rechtsnachfolger verpflichtet sei, das durch den Tod des Auctors unterbrochene Verfahren aufzunehmen. Der Streit um die Aufnahme eines Processes, also um die Verpflichtung, an Stelle des Auctors innerhalb eines Processes thätig zu werden, ist eben ein Streit bezüglich des Verfahrens.

Die Selbständigkeit eines processualen Streitpunktes, welche diesen zu einem Zwischenstreitpunkt macht, liegt also in der Subsumtionsfähigkeit von Thatsachen unter eine Proceßrechtsregel. Wenn aber Proceß im Wesentlichen gleich Verfahren ist, so ist das Proceßrechtsverhältniß ein „stufenweise fortschreitendes, sich von Schritt zu Schritt entwickelndes". Deshalb bestehen die thatsächlichen, bei dem Proceßrechtsverhältniß in Betracht kommenden Momente wesentlich in Handlungen, sei es des Richters, sei es, was bei der R.C.P.O. vorzugsweise der Fall ist, der Parteien oder endlich dritter Personen, Zeugen, Sachverständiger rc. Aus diesem Umstand erklärt es sich, daß für Zwischenstreitspunkte ein Versäumniß-Zwischenurtheil zugelassen ist, für selbständige Angriffs- oder Vertheidigungsmittel aber nicht. Denn offenbar ist der Zusammenhang zwischen den einzelnen Proceßhandlungen ein loserer als bei den selbständigen Streitmitteln, bei denen das Princip der Einheit der mündlichen Verhandlung der Zulassung eines Versäumniß-Zwischenurtheils im Wege steht.

---

[1]) Vergl. § 13.

§ 9.

Abwehr unzulässiger Einschränkungen.

Wenn nach den bisherigen Erörterungen das Gebiet des Zwischenstreites auf processuale Streitigkeiten beschränkt ist, so ist damit doch noch nicht gesagt, daß alle processualischen Streitpunkte den Inhalt von Zwischenstreiten bilden können. In der That ist eine weitere Einschränkung entschieden geboten. Bevor jedoch darauf näher eingegangen werden kann, sollen die Seiten hervorgehoben werden, nach denen hier eine Einschränkung mir nicht am Platze zu sein scheint.

1) Die in Gesetz und Motiven enthaltenen Beispiele von Zwischenstreiten sind sämmtlich dem Beweisgebiet entnommen.[1]) Gleichwohl wäre es unrichtig, aus diesem Umstande eine Beschränkung der Zwischenstreite auf die den Beweis betreffenden processualen Streitpunkte zu folgern. Gegen diese Folgerung spricht die Vorgeschichte der Gesetzesbestimmungen über den Zwischenstreit. Wie schon bemerkt, kommt der Ausdruck und eine Definition des „processualischen Zwischenstreits" zuerst in § 336 des preußischen Entwurfs von 1864 vor. Nach denselben Grundsätzen aber wie der processualische Zwischenstreit sollen nach § 417 desselben Entwurfs auch die für die Fortsetzung der Beweisaufnahme präjudiciellen, auf das Beweisverfahren bezüglichen Streitigkeiten der Parteien behandelt werden. Diese Auffassung des Entwurfs von 1864 über den Zwischenstreit ist auch in den norddeutschen Entwurf von 1869 übergegangen.[2]) Und wenn auch in dem Entwurf von 1871, welcher die Grundlage zu dem im Jahre 1872 veröffentlichten Entwurf der R.C.P.O. bildet, das Beiwort „processualisch"

---

[1]) Nach dem Gesetz werden als Zwischenstreitsfälle aufgefaßt: Der vor einem beauftragten oder ersuchten Richter bei der Beweisaufnahme sich erhebende Streit, von dessen Erledigung die Fortsetzung der Beweisaufnahme abhängig und zu dessen Erledigung der beauftragte oder ersuchte Richter nicht befugt ist; ferner der Fall, daß der Schwurpflichtige im Eidesleistungstermin nicht erscheint. §§ 331 u. 430 der R.C.P.O. Die Motive (S. 217) aber bezeichnen als Zwischenstreite: Die Verhandlungen über die Edition von Urkunden, über die Zulässigkeit eines Beweismittels, über eine Beweiseinrede, über die Echtheit von Urkunden, endlich das Verfahren, welches die Erklärung über die Zuschiebung oder Zurückschiebung eines Eides oder die Abnahme von Parteieneiden zum Gegenstande hat.

[2]) § 418 u. 483 des norddeutschen Entwurfs.

fortgelassen ist,[1]) so kann dies nimmermehr im Sinne einer Einschränkung des Zwischenstreites auf das Beweisgebiet gedeutet werden. Vielmehr würde das Beiwort „processualisch" nur dann Zweck gehabt haben, wenn dem Gesetz nun auch ein anderer, nicht processualischer Zwischenstreit bekannt gewesen wäre. Das ist aber nicht der Fall, und deshalb erscheint die Weglassung des Beiwortes „processualisch" lediglich als die Beseitigung eines superfluum.[2])

Von einer Beschränkung des Zwischenstreites auf das Beweisgebiet kann also keine Rede sein.

2) Ebensowenig zutreffend erscheint ein anderes Bedenken, welches man aus der gegensätzlichen Natur der selbständigen Streitmittel und der Zwischenstreitspunkte entnehmen möchte. Während nämlich bei den ersteren der Richter von Amtswegen nichts anderes zu thun hat, als die fraglichen Rechtssätze auf die seiner Cognition unterbreiteten Thatsachen anzuwenden und höchstens durch sein Fragerecht auf eine erschöpfende Erörterung der thatsächlichen Unterlagen hinwirken darf,[3]) hat das Gericht bei Zwischenstreitspunkten nicht allein die processualischen Rechtssätze von Amtswegen anzuwenden, sondern auch das Vorhandensein gewisser Thatsachen, z. B. der summa revisibilis, der form- und fristgerechten Einlegung des Rechtsmittels, der vorhandenen Proceßfähigkeit 2c., aus eigenem Antriebe zu prüfen. Dieser Unterschied ergibt sich aus dem Inhalt des Civilprocesses und seiner Form. Der Inhalt ist ein der Verfügung der Parteien unterworfenes Privatrecht. Deshalb freie Disposition der Parteien über ihre thatsächlichen Angaben und ein grundsätzliches Gebundensein des Gerichts an dieselben, soweit sie zur Begründung oder Bekämpfung des den Streitgegenstand bildenden Anspruchs dienen. Die Form des Civilprocesses aber weist auf das öffentliche Recht hin. Er ist ein öffentlichrechtliches Verhältniß. Deshalb sind auch seine thatsächlichen Unterlagen — nicht die seines Inhaltes — der freien Verfügung der Parteien entzogen.

Bei dieser Sachlage möchte man nun geneigt sein, von dem

---

1) § 117 u. 249 dieses Entwurfs.

2) Man könnte vielleicht den Streit über ein selbständiges Angriffs- oder Vertheidigungsmittel als materiellrechtlichen Zwischenstreit auffassen, und es ist möglich, daß dieser, dem Gesetzgeber vorschwebende Gegensatz in § 336 des Entwurfs von 1864 zur Hinzufügung des Beiwortes „processualisch" geführt hat.

3) § 130 der R.C.P.O.

Inhalt des Zwischenstreites diejenigen processualischen Streitpunkte auszuscheiden, welche nicht blos nach ihrem rechtlichen, sondern auch nach ihrem thatsächlichen Inhalt dem Officialprincip unterworfen sind. M. E. jedoch mit Unrecht. Dispositionsbefugniß der Parteien über den Inhalt ihres Streites kann beim Zwischenstreit nach den über das Zwischenurtheil geltenden Grundsätzen nicht gefordert werden. Denn das Zwischenurtheil ist überall (sowohl bei selbständigen Streitmitteln als bei Zwischenstreiten) wesentlich im Interesse des Richters, nicht in dem der Parteien, eingeführt. Es soll dazu dienen, das der richterlichen Cognition auf ein Mal zu unterbreitende Proceßmaterial zu sichten und dadurch dem Gericht die Uebersicht über das noch zu Entscheidende zu erleichtern. Und um dieses Zweckes willen gilt das Zwischenurtheil auch bei solchen Punkten, welche dem Dispositionsrecht der Parteien nicht unterliegen. Zu ihnen gehören z. B. verschiedene proceßhindernde Einreden und doch ist nach § 248 Abs. 2 ein Zwischenurtheil über dieselben zulässig. Ferner gehört dazu die Frage nach der Zulässigkeit der Eideszuschiebung,[1]) und doch sind unter den Beispielen von Zwischenstreiten in den Motiven auch die Beweiseinreden mit aufgeführt. In der That läßt sich doch auch bezüglich der von Amtswegen zu berücksichtigenden Streitpunkte die Bezeichnung als Zwischenstreit ganz gut dadurch rechtfertigen, daß trotz der Officialthätigkeit des Gerichts auch die Parteien ein Interesse daran haben, ihrerseits vor der Entscheidung des betreffenden Streitpunktes gehört zu werden, weil diese Entscheidung in vielen Fällen präjudiciell für die Endentscheidung sein wird.

Das ist offenbar auch die Auffassung der R.C.P.O., wie schon die weite Ausdehnung des Principes der Mündlichkeit sogar auf das Verfahren in der Revisionsinstanz ergibt. Denn wenn die Mitwirkung der Parteien durch mündliche Verhandlung irgend wo entbehrt werden könnte, so ist es hier der Fall, wo es sich lediglich um die Anwendung von Rechtssätzen auf bereits abgeschlossen vorliegendes Material handelt. Wenn es nun der Gesetzgeber gleichwohl für nöthig hält, sogar für die Revisionsinstanz dem Verhandlungsprincip Rechnung zu tragen, so darf man dasselbe um so weniger in den vorerwähnten Fällen ausschließen. Denn in ihnen sind doch immer noch thatsächliche Ermittelungen nöthig,

[1]) § 410 der R.C.P.O.

welche zwar der Richter von Amtswegen vornehmen soll, bei denen ihm aber die Parteiangaben sehr zu Statten kommen können. Demgemäß sprechen es die Motive[1]) geradezu aus, daß auch bei der dem Berufungsgericht von Amtswegen obliegenden Prüfung und Entscheidung über Statthaftigkeit der Berufung und Einlegung derselben in gesetzlicher Form und Frist mündliche Verhandlung vorhergegangen sein soll. In Folge dessen wird man nicht allein die Frage nach der Zulässigkeit der Berufung, sondern auch die über die Zulässigkeit des Einspruchs, der Revision 2c. zum Inhalt eines Zwischenstreites erklären dürfen. Danach kann also von einer Einschränkung der Zwischenstreitspunkte auf diejenigen Proceßregeln, auf deren Befolgung eine Partei wirksam verzichten kann, keine Rede sein.[2])

3) Wach[3]) schließt auch die proceßhindernden Einreden und den Einwand unzulässiger Klageänderung vom Inhalte des Zwischenstreites aus. Er setzt sie in Parallele zum Anspruch selbst. Ebensowenig, wie der Zwischenstreit sich über den materiellen Anspruch selbst, könne er sich über die Frage, ob überhaupt Proceß statt haben solle, verhalten. In Folge dessen erklärt Wach auch Versäumniß-Zwischenurtheil über jene Punkte für unmöglich.

Es läßt sich nun nicht leugnen, daß die proceßhindernden Einreden, als auf Mängel an den Voraussetzungen für das Zustandekommen eines Proceßrechtsverhältnisses gerichtet, eine besondere Behandlung in der R.C.P.O. erfahren haben.[4]) Sie müssen gleichzeitig und regelmäßig vor der Verhandlung zur Hauptsache vorgebracht werden, der Beklagte ist berechtigt, auf Grund derselben die Einlassung zu verweigern, sie können abgesondert verhandelt und entschieden werden, und das die Einrede verwerfende Urtheil ist bezüglich der Rechtsmittel dem Endurtheil gleichgestellt. Folgt hieraus nun aber wirklich die Unmöglichkeit der Subsumirung unter die Zwischenstreitspunkte? Wenn Wach die Bejahung dieser Frage durch den Vergleich mit dem Anspruch selbst belegt, so läßt sich doch nicht verkennen, daß zwischen der Behandlung des streitigen Anspruchs und den proceßhindernden Einreden noch Unterschiede

[1]) S. 308, vergl. § 497 der R.C.P.O.

[2]) § 267 der R.C.P.O.

[3]) Seite 88 u. 89.

[4]) Vergl. darüber und über das Verhältniß dieser Einreden zu anderen Einreden: Petersen in der Zeitschrift für Civilproceß Bd. II S. 161 ff.

sind. Der Streitgegenstand muß durch Endurtheil erledigt werden,[1]) es ist also auch kein Zwischenurtheil über denselben möglich. Die proceßhindernden Einreden dagegen dürfen durch Zwischenurtheil erledigt werden; und sie können sich auch sonst in der Art ihrer Behandlung einfachen processualischen Präjudicialpunkten, welche Wach selbst zu den Zwischenstreitspunkten rechnet, sehr nähern. Einmal ist es gar nicht absolut nothwendig, daß sie vor der Verhandlung zur Hauptsache vorgebracht werden. Vielmehr fällt diese Besonderheit fort bei denjenigen proceßhindernden Einreden, auf welche der Beklagte nicht verzichten kann, oder welche er ohne sein Verschulden nicht im Stande gewesen ist, vor der Verhandlung zur Hauptsache geltend zu machen. Im amtsgerichtlichen Verfahren aber gilt die Vorschrift, proceßhindernde Einreden gleichzeitig und vor der Verhandlung zur Hauptsache vorzubringen, überhaupt nur insoweit, daß die Einrede der Unzuständigkeit des Gerichts vor der Verhandlung zur Hauptsache geltend zu machen ist.[2]) Endlich aber kann man gar nicht sagen, daß bei den proceßhindernden Einreden immer ein abgesonderter Streit über die Einlassungspflicht des Beklagten stattfinde, denn im amtsgerichtlichen Verfahren darf ja auf Grund proceßhindernder Einreden die Verhandlung zur Hauptsache nicht verweigert werden. Hier unterscheiden sich die proceßhindernden Einreden also nur insofern von den Seitens des Gerichts ex officio zu beachtenden Präjudicialpunkten (z. B. der Frage nach der form- und fristgerechten Einlegung und Berufung), als das die proceßhindernde Einrede verwerfende Zwischenurtheil durch Rechtsmittel angefochten werden kann. Gerade aus diesem Umstande folgere ich nun das Gegentheil von dem, was Wach daraus schließt.

Die Prüfungsfähigkeit des über proceßhindernde Einreden ergehenden Zwischenurtheils verleiht nämlich diesem Streit offenbar erhöhte Selbständigkeit, sodaß nach der Idee des Gesetzgebers die proceßhindernden Einreden gewissermaßen den Streitgegenstand des Vorverfahrens bilden. Nun wird die grundsätzliche Unzulässigkeit eines Versäumniß-Zwischenurtheils damit gerechtfertigt, daß dies aus dem Princip der Einheit der mündlichen Verhandlung folge und nur bezüglich processualischer Streitpunkte eine Ausnahme statuirt.

---

[1]) § 273 der R.C.P.O.

[2]) § 465 Abs. 1 der R.C.P.O.

Deshalb komme ich zu dem Resultate, daß wegen der erhöhten Selbständigkeit der proceßhindernden Einreden über diese um so-viel mehr ein Versäumniß-Zwischenurtheil statt haben kann. Man muß doch auch in der That sich darüber wundern, daß der Beklagte zwar die Einlassung zur Hauptsache verweigern und abgesonderte Verhandlung seiner Einrede verlangen kann, daß aber trotzdem, wenn er von seinem Rechte Gebrauch macht und darauf im Termin zur Verhandlung über die Einrede ausbleibt, Versäumnißurtheil nicht über die Vorfrage, sondern zur Hauptsache soll erlassen werden können. Dabei sei auf noch eine frappirende Erscheinung aufmerksam gemacht. Wenn abgesonderte Verhandlung über eine proceßhindernde Einrede angeordnet wurde und die Parteien erscheinen, so kann das auf die Verhandlung zu fällende Erkenntniß unter allen Umständen sich immer nur über die proceßhindernde Einrede verhalten. Wird die Einrede verworfen, so ergibt sich die Richtigkeit des aufgestellten Satzes aus § 248 Abs. 2 der R.C.P.O. Wird sie aber für begründet erachtet, so erfolgt zwar die Abweisung des Klägers, aber nur in angebrachter Art. Das Erkenntniß erlangt keine Rechtskraft bezüglich des geltend gemachten materillen Anspruchs.[1]) Dagegen müßte beim Ausbleiben des Klägers nach Ansicht der Gegner ein Versäumnißurtheil über den materiellen Anspruch ergehen. Es kann doch aber nimmermehr, je nachdem der Kläger ausbleibt oder erscheint, der Streitgegenstand ein ganz verschiedener sein.

Ich entscheide mich deshalb unbedingt dafür, daß auch das Versäumnißurtheil sich nur über die proceßhindernde Einrede verhalten kann. Nur das könnte m. E. zweifelhaft sein, ob nicht schon bei abgesonderter Verhandlung über die proceßhindernde Einrede, — ohne daß der Termin lediglich zur Verhandlung über diese Einrede anberaumt war — im Falle des Ausbleibens einer Partei Versäumniß-Zwischenurtheil ergehen muß. Mangels einer ausdrücklichen Vorschrift und dem § 312 Abs. 2 der R.C.P.O. gegenüber wird man dies jedoch nicht annehmen dürfen.

Wenn der Zwischenstreitsinhalt eine directe Beziehung zum materiellen Anspruch hätte, so würde man, so lange die Frage schwebt, ob Proceß über diesen Anspruch statt haben solle, auch einen Zwischenstreit für unmöglich erklären müssen. Da sich der

---

[1]) § 293 der R.C.P.O.

Zwischenstreitsinhalt jedoch auf processualische Streitpunkte beschränkt, so genügt es, um die Möglichkeit eines Zwischenstreites zu gewähren, daß überhaupt nur die Klage erhoben ist.

Sind hiernach sogar proceßhindernde Einreden zu den Zwischenstreitspunkten zu rechnen, so wird man erst recht nicht daran zweifeln können, daß auch der Einwand unzulässiger Klageänderung zu ihnen gehört,[1]) welcher als gewöhnlicher, processualischer Streitpunkt, nicht als Streit über die Einlassungspflicht des Beklagten erscheint. Denn der Beklagte muß sich zur Hauptsache einlassen, er ist nicht berechtigt, die Einlassung bis zur Entscheidung über die Einrede zu verweigern.

§ 10.
Nothwendige Einschränkung.

Wenn man sich mit dem im § 8 Ausgeführten begnügen wollte, so wäre der Zwischenstreit unter den Parteien ein Streit über die thatsächlichen Voraussetzungen für die Anwendung einer Proceßrechtsregel, und zwar ein solcher Streit, dessen Entscheidung für die Endentscheidung von Bedeutung ist. Darin liegt zunächst, daß nicht jeder Streit über Anwendung einer Proceßrechtsregel einen Zwischenstreit unter den Parteien bilden kann. Vielmehr darf man nur diejenigen Proceßrechtsregeln hierher zählen, denen Thatsachen unterliegen, welche für die auf Verurtheilung des Beklagten beziehentlich Abweisung des Klägers gerichteten Parteianträge wirklich oder doch nach Ansicht der Parteien von Bedeutung sind. Denn das Verhältniß der Zwischenstreitpunkte zu den selbständigen Streitmitteln stellt sich so, daß diese die Verurtheilung oder Abweisung aus materiellrechtlichen Gründen, jene aus processualischen erstreben. Die selbständigen Angriffs- oder Vertheidigungsmittel haben eine Beziehung zum geltend gemachten Anspruch (Streitgegenstand), die Zwischenstreitpunkte nur eine solche zum Antrag.

Selbständige Streitmittel und Zwischenstreitpunkte fallen unter den Begriff der Angriffs- oder Vertheidigungsmittel, ohne denselben zu erschöpfen.

Diese Beziehung der Zwischenstreitspunkte zu den Parteianträgen verkennt Wach vollkommen, wenn er sich damit begnügt,

---

[1]) Vergl. dafür auch Fitting a. a. O. S. 122 Anm. 5.

den Zwischenstreit als Parteistreit über processualische Rechte und Pflichten, über die Voraussetzungen der einzelnen processualischen Handlungen zu definiren.[1]) Danach erscheint ihm die Art der Erledigung des betreffenden Streitpunktes für die Begriffsbestimmung des Zwischenstreites gänzlich gleichgültig. Es macht nach ihm keinen Unterschied, ob dieselbe durch Verfügung, Beschluß oder Zwischenurtheil zu erfolgen hat. Und doch bestimmt der § 275 der R.C.P.O. m. E. durchaus präcise: „Ist .... ein Zwischenstreit zur Entscheidung reif, so kann dieselbe durch Zwischenurtheil erfolgen.“ Daraus folgt die für die Begriffsbestimmung des Zwischenstreites unter den Parteien, soviel ich sehe, wesentlichste Einschränkung, daß Streitpunkte, über welche ein Zwischenurtheil überhaupt nicht erlassen werden kann, auch nicht Gegenstand eines Zwischenstreites sind. Diese Folgerung zieht aber Wach nicht. Nach ihm gehören vielmehr, wenn ich ihn recht verstehe, überhaupt processualische Incidentanträge zu den Zwischenstreitspunkten, z. B. der Antrag auf Bestimmung des zuständigen Gerichts, auf Ablehnung des Richters, Bewilligung des Armenrechts, der Antrag auf Beweis zum ewigen Gedächtniß, auf Berichtigung des Thatbestandes.[2]) Wach muß danach die Bestimmung des § 275 der R.C.P.O. so auslegen, als

---

[1]) Ueberhaupt lassen sich m. E. nur künstlich alle möglichen Zwischenstreitsfälle unter diese Definition subsumiren. Denn sollte nicht bisweilen auch ein Streit über die Folgen einer processualischen Handlung ein Zwischenstreit sein können, besonders da unter diesen Handlungen doch wohl auch Unterlassungen verstanden werden müssen? Wäre es etwa kein Zwischenstreit, wenn Parteien darüber streiten, ob die Folge einer versäumten Erklärung in der Präclusion dieser Erklärung bestehe oder nicht? Ferner sollen ja auch Beweiseinreden den Inhalt eines Zwischenstreites bilden können. Sie können sich gegen die Zulässigkeit oder gegen die Glaubwürdigkeit eines Beweismittels richten. Bemängeln sie die Zulässigkeit, so möchte man sagen, es handle sich um das processualische Recht der Beweisführung durch das betreffende Beweismittel. Inwiefern aber sollte es sich um processualische Rechte oder Pflichten der Parteien bei Einwendungen gegen die Glaubwürdigkeit eines Beweismittels handeln? Dasselbe muß man fragen bei dem Streit um die Echtheit einer Urkunde. — Dazu kommt die Frage, was denn überhaupt processualische Rechte und Pflichten der Parteien seien? Wach setzt a. a. O. S. 78 die Beschlüsse, welche über processualische Rechte oder Pflichten der Parteien entscheiden, zu den proceßleitenden Beschlüssen in Gegensatz. Indessen es gibt proceßleitende Decrete, welche zugleich doch über processualische Rechte oder Pflichten der Parteien entscheiden, z. B. wenn die Einlassungsfrist abgekürzt wird.

[2]) S. 89 a. E. und S. 121. Der Antrag auf Bewilligung des Armenrechts betrifft eine administrative Maßnahme. Er kann sicher nicht als

enthielte sie den Zusatz: „vorausgesetzt, daß nicht eine andere Art der Erledigung vorgeschrieben ist".

Man wird mir nun zugeben müssen, daß ohne die zwingendsten Gründe die eben angegebene Interpretation nicht gewagt werden kann. Solche Gründe scheinen mir aber nicht nur nicht vorzuliegen, sondern m. E. ergibt sich aus der Vorgeschichte der Bestimmungen über den Zwischenstreit die Unzulässigkeit dieser Auslegung.

Man hat auch hier wieder auf die Bestimmungen des preußischen Entwurfs von 1864 zurückzugehen. Nach ihnen ist der Zwischenstreit ein Streit in Bezug auf das Verfahren, von dessen Erledigung das weitere Verfahren abhängig ist (processualischer Zwischenstreit). Entsteht ein solcher Streit, so soll jeder Anwalt befugt sein, den Gegenanwalt in eine Sitzung des Gerichts zu laden, damit nun über diesen Streit verhandelt und durch Zwischenurtheil entschieden werde.[1]) — Danach bestand also eine Eigenthümlichkeit des Zwischenstreites in der Entscheidung durch Zwischenurtheil. Aehnlich verhält sich auch die Sache nach dem nordeutschen Entwurf und dem preußischen von 1871. Allerdings ist in beiden Entwürfen die Erlassung eines Zwischenurtheils über den Zwischenstreit nur als Regel vorgeschrieben und dem Gericht die Befugniß ertheilt, die Erlassung eines Zwischenurtheils auszusetzen, wenn dieselbe nach Lage der Sache bedenklich erscheinen sollte.[2]) Aber soviel ergibt sich aus den fraglichen Gesetzesbestimmungen zweifellos, daß nach diesen Entwürfen die Möglichkeit der Erlassung eines Zwischenurtheils von dem Vorhandensein eines Zwischen-

---

Zwischenstreit aufgefaßt werden. Ueber den Beweis zum ewigen Gedächtniß vergl. oben S. 69.

[1]) § 336 des Entw. v. 1864.

[2]) § 420 Abs. 2 u. 3 des norddeutschen Entwurfs: Sind einzelne selbständige Angriffs- oder Vertheidigungsmittel oder sind processualische Zwischenstreitigkeiten zur Entscheidung reif, so sind sie bei Erlassung des Vorbescheides durch Zwischenurtheil zu erledigen.

Die Erlassung .... eines Zwischenurtheils kann unterbleiben, wenn das Gericht sie nach Lage der Sache bedenklich findet.

§ 249 des preußischen Entwurfs von 1871: Wenn einzelne selbständige Angriffs- oder Vertheidigungsmittel oder wenn Zwischenstreite zur Entscheidung reif sind, so erfolgt deren Erledigung durch Zwischenurtheil.

Die Erlassung eines Zwischenurtheils kann unterbleiben, wenn das Gericht sie nach Lage der Sache bedenklich findet.

streites untrennbar ist. Endlich lautet zwar bereits der § 260 des Entwurfs von 1872 wörtlich ebenso wie der § 275 der R.C.P.O. Wenn man jedoch diese Vorschrift, daß der Zwischenstreit durch Zwischenurtheil soll entschieden werden können, im Zusammenhang mit den vorhergehenden Entwürfen betrachtet, so stellt sich dieselbe lediglich als eine andere Fassung des schon im norddeutschen Entwurf und demjenigen von 1871 enthaltenen Gedankens heraus, daß der Richter aus Utilitätsrücksichten von der Erlassung des Zwischenurtheils, das im Uebrigen zur Beendigung des Zwischenstreites regelmäßig vorgeschrieben ist, Abstand nehmen darf. Dies kann um so weniger bezweifelt werden, als der Entwurf von 1872 seinem Wesen nach lediglich eine Revision des Entwurfs von 1871 ist,[1]) in dessen § 249 der Zusammenhang des Zwischenurtheils mit dem Begriff des Zwischenstreites einen unzweideutigen Ausdruck erhalten hatte.[2])

Von einer Auslegung des § 275 der R.C.P.O. in dem Sinne, daß die Erlassung eines Zwischenurtheils stattfinden könne, wenn nicht eine andere Art der Erledigung durch Verfügung oder Beschluß vorgeschrieben sei, kann danach keine Rede sein. Das Gegentheil beweist auch nicht der § 331 der R.C.P.O., auf welchen sich Wach für seine Begriffsbestimmung des Zwischenstreites unter den Parteien bezieht. Zwar ist in diesem Paragraphen ganz allgemein der bei der Beweisaufnahme vor dem ersuchten oder beauftragten Richter sich erhebende Streit, von dessen Erledigung die Fortsetzung der Beweisaufnahme abhängig und zu dessen Entscheidung der Richter nicht berechtigt ist, „Zwischenstreit" genannt.[3]) Zwar gibt es ferner auch einzelne, die Fortsetzung der Beweisaufnahme hindernde Streitpunkte, welche durch Beschluß erledigt werden

---

[1]) Hellweg im Archiv für civilistische Praxis Bd. 60. S. 121.

[2]) Vergl. auch die Motive S. 217: Die Erlassung von Zwischenurtheilen durfte nicht, wie die Erlassung von Theilurtheilen, als Regel vorgeschrieben werden, da die Angemessenheit abgesonderter Entscheidung einzelner Streitpunkte nicht nach allgemeinen Gesichtspunkten, sondern nur nach der Lage des einzelnen Falles richtig beurtheilt werden kann.

[3]) § 331 der R.C.P.O.: „Erhebt sich bei der Beweisaufnahme vor dem beauftragten oder ersuchten Richter ein Streit, von dessen Erledigung die Fortsetzung der Beweisaufnahme abhängig und zu dessen Entscheidung der Richter nicht berechtigt ist, so erfolgt die Erledigung durch das Proceßgericht.

Der Termin zur mündlichen Verhandlung über den Zwischenstreit ist von Amtswegen zu bestimmen und den Parteien bekannt zu machen.

müssen.[1]) Trotzdem aber halte ich es für verfehlt, hieraus zu schließen, daß die Fähigkeit zur Erledigung durch Zwischenurtheil kein wesentliches Merkmal für die Begriffsbestimmung des Zwischenstreites sei.

Wenn es nämlich wirklich Absicht des Gesetzgebers gewesen wäre, alle in den Wortlaut des § 331 Abs. 1 der R.C.P.O. hineinpassenden Streitigkeiten als Zwischenstreitigkeiten zu definiren, so würde sich damit die Bestimmung des Abs. 2 nicht vertragen, nach welchem dem Proceßgericht allgemein die Pflicht auferlegt wird, zur mündlichen Verhandlung über den zur Competenz des ersuchten oder beauftragten Richters nicht gehörenden Zwischenstreit Termin anzuberaumen. Denn gerade unter jenen Streitigkeiten gibt es solche, bei denen eine der Entscheidung vorhergehende mündliche Verhandlung nicht erfordert wird. Dies gilt z. B. von der Erledigung des Streites über Ablehnung eines Sachverständigen nach § 371 Abs. 4 der R.C.P.O. Wie vertrüge sich also die Vorschrift über Anberaumung eines Termins zur mündlichen Verhandlung über den Zwischenstreit in § 331 Abs. 2 der R.C.P.O., mit der Befugniß des Gerichts, den Streit über Ablehnung des Sachverständigen ohne vorgängige mündliche Verhandlung zu erledigen, wenn dieser letztere Streit ebenfalls Zwischenstreit wäre? Soll etwa auch hier wieder der Bestimmung des § 331 Abs. 2 der R.C.P.O. ergänzend hinzugefügt werden: „vorausgesetzt, daß vorgängige mündliche Verhandlung zur Erledigung des Streitpunktes vorgeschrieben ist? Wenn man sich zunächst an den Wortlaut des § 331 Abs. 1 bände, so würde zu den Streitpunkten, von deren Erledigung die Fortsetzung der Beweisaufnahme abhängig ist, offenbar auch der Streit über Ablehnung des ersuchten Richters selbst gehören.[2]) In solchem Falle muß das Ablehnungsgesuch, wenn der Amtsrichter sich nicht selbst ablehnte, bei dem Landgericht eingereicht und entschieden werden, zu dessen Bezirk der abgelehnte Richter gehört. Es liegt aber auf der Hand, daß dies Landgericht ein ganz anderes Gericht sein kann, als das Proceßgericht, welches für die Entscheidung des Zwischenstreites competent ist.

---

[1]) So wird z. B. der vor dem ersuchten oder beauftragten Richter sich erhebende Streit über die Ablehnung eines vom Proceßgericht ernannten Sachverständigen nach § 371 Abs. 3 u. 4 durch dieses mittelst Beschlusses erledigt.

[2]) § 43 ff. der R.C.P.O.

Man muß also den Sinn des § 331 der R.C.P.O. einschränken. Nicht alle, bei der Beweisaufnahme vor dem ersuchten oder beauftragten Richter unter den Parteien[1]) sich erhebende, seiner Entscheidung nicht unterliegende Streitpunkte sind gemeint, sondern nur Beweisstreitigkeiten, Streitpunkte, welche sich auf den Beweis selbst beziehen. Das ergibt sich deutlich aus der entsprechenden Bestimmung des preußischen Entwurfs von 1864, wo geradezu Streitpunkte in Bezug auf das Beweisverfahren genannt sind.[2]) Nur auf diese Weise bringt man den Absatz 2 des § 331 der R.C.P.O., nach welchem mündliche Verhandlung vor der Entscheidung obligatorisch ist, mit andern Bestimmungen des Gesetzes, nach welchen gewisse processualische Streitpunkte ohne vorgängige mündliche Verhandlung entschieden werden können, in Einklang. Man vermeidet dadurch das gewiß wunderbare Resultat, daß Streitpunkte, deren Entscheidung regelmäßig ohne vorgängige mündliche Entscheidung gestattet ist, dann, wenn sie sich vor einem beauftragten oder ersuchten Richter herausstellen, nur nach voraufgegangener mündlicher Verhandlung entschieden werden können. Denn Beweisstreitigkeiten unter den Parteien dürfen immer nur nach voraufgegangener mündlicher Verhandlung erledigt werden. Zu ihnen gehört aber der Streit um Ablehnung eines Sachver-

---

[1]) Daß der § 331 der R.C.P.O. nur Zwischenstreite unter den Parteien im Auge hat, ergibt der Absatz 2 des genannten Paragraphen „den Parteien bekannt zu machen" in Verbindung mit § 417 des Entwurfs von 1864. Es ist m. E. durchaus keine Veranlassung, auch Zwischenstreite mit dritten Personen hierher zu ziehen. Denn in den Fällen, welche von einem solchen handeln, ist immer ausdrücklich vorgeschrieben, wie seine Erledigung erfolgen soll. Vergl. § 354 und 367 der R.C.P.O.

[2]) § 417 des Entwurfs von 1864: „Erhebt sich in Bezug auf das Beweisverfahren unter den Parteien ein Streit(punkt), von dessen Erledigung die Fortsetzung des Verfahrens abhängt, so erfolgt die Verhandlung und Entscheidung hierüber in einem Zwischenverfahren nach Vorschrift des § 336 (über den processualischen Zwischenstreit).

§ 418 ibid: Erhebt sich der Streit bei der Verhandlung vor dem beauftragten Richter, so hat dieser die Betheiligten behufs Verhandlung und Entscheidung desselben in eine sofort zu bezeichnende Sitzung des Proceßgerichts zu verweisen. Die Verweisung vertritt zugleich die Stelle der Ladung.

Vergl. damit § 296 des hannöverischen Entwurfs von 1866, § 483 des norddeutschen Entwurfs, § 306 des Entwurfs von 1871 und § 316 des Entwurfs von 1872.

ständigen nicht. Der Sachverständige ist nicht Beweismittel, sondern Gehülfe des Richters.[1])

So ergibt sich denn aus dieser Auffassung des § 331 der R.C.P.O., daß man aus ihm keinen Gegengrund gegen die oben für den Begriff des Zwischenstreites geforderte Einschränkung der Möglichkeit durch Zwischenurtheil erledigt werden zu können entnehmen darf. Denn unter diesen Beweisstreitigkeiten gibt es ebenfalls keine, welche nicht durch Zwischenurtheil erledigt werden könnte. Dies trifft, worüber man noch am Ehesten zweifeln könnte, selbst bei dem Streit um die nachträgliche Zulassung von Beweismitteln zu, den ich mit Fitting[2]) zu den Zwischenstreitpunkten zähle. Denn es steht m. E. nichts im Wege, vor der Anordnung einer neuen Beweisaufnahme, welche ja durch Beschluß erfolgen muß, zunächst über die Frage ihrer Zulässigkeit durch Zwischenurtheil zu entscheiden. Möglicherweise ist principaliter die Zulässigkeit einer nachträglichen Beweisaufnahme bestritten, und eventuell sind gegen die einzelnen Beweismittel noch Beweiseinreden geltend gemacht. Hier kann nicht sofort Beweisbeschluß erlassen werden, wenn der Richter die nachträgliche Beweisaufnahme für zulässig hält. Vielmehr muß erst noch über die Zulässigkeit der Beweismittel entschieden werden. Und umgekehrt werden, wenn der Richter die Unzulässigkeit der nachträglichen Beweisaufnahme durch Zwischenurtheil ausspricht, dadurch alle weiteren Erörterungen über Beweiseinreden abgeschnitten.

§ 11.

Consequenzen der Fähigkeit zur Erledigung durch Zwischenurtheil.

Zieht man die Consequenzen aus dem im vorigen Paragraphen für den Begriff des Zwischenstreites unter den Parteien aufgestellten Erforderniß, daß die Möglichkeit seiner Erledigung durch Zwischenurtheil vorhanden sein müsse, so ergibt sich ein Dreifaches:

a) Alle diejenigen Streitpunkte, welche durch Beschluß erledigt werden müssen, können nicht Zwischenstreitpunkte sein. Denn es ist unmöglich, dem Richter an Stelle des vorgeschriebenen Beschlusses den Erlaß eines Zwischenurtheils zu gestatten,[3]) wie aus Folgendem hervorgeht:

---

[1]) Motive S. 257.

[2]) a. a. O. S. 123 Anm. 5 und § 332 Abs. 2 der R.C.P.O.

[3]) Das gesteht auch Wach a. a. O. S. 92 zu.

Regelmäßig ist gegen den Beschluß das Rechtsmittel der Beschwerde zulässig, dagegen das Zwischenurtheil nicht selbständig anfechtbar. Wollte man nun dem Gericht den Erlaß eines Zwischenurtheils an Stelle eines Beschlusses zugestehen, so würde die Fällung des Zwischenurtheils zur Folge haben, daß sowohl Richter als Parteien bezüglich des von dem Urtheil erfaßten Proceßstoffes während der Instanz gebunden wären.[1]) Die Zulassung eines Zwischenurtheils würde also dem Gericht die Befugniß einräumen, der Partei willkürlich ein Rechtsmittel abzuschneiden. Zum Mindesten könnte das Gericht die Partei zwingen, gegen das Endurtheil ein Rechtsmittel zu ergreifen, um nur den durch das Zwischenurtheil ihr zugefügten Rechtsnachtheil zu beseitigen. Auch würde in vielen Fällen durch Erlaß eines Zwischenurtheils an Stelle des vorgesehenen Beschlusses ein geradezu irrationelles Resultat sich herausstellen. Statt aller Beispiele diene der § 46 der R.C.P.O. Nach ihm soll die Entscheidung über ein Gesuch um Ablehnung eines Richters wegen gesetzlicher Unfähigkeit zur Ausübung seines Amtes oder wegen Befangenheit durch Beschluß erfolgen. Wollte man hier Zwischenurtheile zulassen, so würde man zu dem widersinnigen Resultat gelangen, daß im Falle der Zurückweisung des Gesuchs die Partei ihr Recht während einer Instanz vor dem abgelehnten Richter nehmen müßte, während ihr Interesse doch verlangt, daß ihr sofort ein Rechtsmittel gegen die das Ablehnungsgesuch verwerfende Entscheidung zusteht.

Aber auch dann, wenn gegen den Beschluß keine Beschwerde gegeben ist, ja sogar, wenn derselbe geradezu für unanfechtbar erklärt worden ist, darf das Gericht nicht an Stelle desselben Zwischenurtheil erlassen. Denn der Beschluß unterscheidet sich namentlich dadurch von dem Zwischenurtheil, daß er, auch ohne Anfechtung Seitens der Parteien, vom Gericht jederzeit abgeändert werden kann. Nun möchte man behaupten, wenn den Parteien kein Recht zur Anfechtung des Beschlusses zustehe, so sei es doch lediglich Sache des Gerichts, ob es sich für die Instanz binden oder das Recht der Abänderung beibehalten wolle. Indessen insofern sind doch die Parteien stets an der Erlassung eines Beschlusses interessirt, als derselbe ihnen die Möglichkeit beläßt, das beschließende Gericht durch Anführungen neuer Thatsachen und Beweismittel

[1]) § 289 der R.C.P.O. und Motive S. 298.

von der Unrichtigkeit seiner Auffassung zu überzeugen. Und auch abgesehen von dem Interesse der Parteien ist die Frage, ob Beschluß oder Zwischenurtheil, von eingreifender Bedeutung. Dies ist beim Beweise unzweifelhaft, wo von der Frage, ob Beweisurtheil oder Beweisbeschluß, die Gestaltung des ganzen Beweisverfahrens abhängig ist, wobei auch noch beachtet werden muß, daß der Beweisbeschluß zugleich über die gar nicht processualische Frage nach der Beweislast entscheidet. Das Gericht soll jederzeit berechtigt sein, die Beweisverfügung zu ändern, es darf sich nicht derartig binden, daß nun eine Aenderung unmöglich wäre. Deshalb ist auch in § 323 der R.C.P.O. die Wendung „ist anzuordnen" gebraucht und deshalb muß man consequenter Weise auch ein Zwischenurtheil über die Erheblichkeit oder Unerheblichkeit einer thatsächlichen Behauptung für unzulässig erklären. Vielmehr verlangt, wenn das Gericht stets seinen Beweisbeschluß soll ändern können, m. E. die Consequenz, daß man dem Gericht auch das Recht abspricht, Thatsachen von vorn herein durch Zwischenurtheil für relevant oder irrelevant zu erklären. Die Unzulässigkeit eines solchen Zwischenurtheils ist die Kehrseite der Nothwendigkeit des Beweisbeschlusses.

Auch abgesehen vom Beweisbeschluß liegt es im Interesse des Gerichts selbst, freie Hand für die Aenderung zu besitzen und nicht unnütz die complicirtere Form des Zwischenurtheils gegenüber dem formlosen Beschluß zu wählen. Dieser Vortheile darf sich das Gericht nicht begeben. Endlich kommt noch hinzu, daß die öfters im Gesetz ausgesprochene Unanfechtbarkeit eines Beschlusses nur dann volle Bedeutung hat, wenn Zwischenurtheil ausgeschlossen ist. Denn wenn ein Beschluß für unanfechtbar erklärt ist, so hat das beschließende Gericht zwar noch das Recht, den Beschluß zu ändern. Wenn aber eine Aenderung nicht erfolgt ist, so ist der Beschluß auch für die höheren Instanzen unabänderlich. Wollte man hier aber ein Zwischenurtheil zulassen, so würde sich das Verhältniß geradezu umkehren. Der das Zwischenurtheil fällende Richter würde an dasselbe gebunden sein; dagegen würde es noch mit dem Endurtheil anfechtbar[1]) und also für den Oberrichter abänderlich sein.

b) Alle Gesuche und Parteianträge, welche durch Verfügung

---

[1]) Ausnahme in § 242.

erledigt werden können und namentlich die Abkürzung einer Einlassungs- oder Ladungsfrist oder der Fristen erstreben, welche für die Zulassung vorbereitender Schriftsätze bestimmt sind,[1]) können nicht den Inhalt eines Zwischenstreites bilden. Denn das liegt auf der Hand, daß die Möglichkeit der Erlassung eines Zwischenurtheils dann ausgeschlossen ist, wenn der Vorsitzende, sei es auch nach vorgängiger mündlicher Verhandlung, selbst die Abkürzung verfügt. Der Vorsitzende ist eben nicht das Gericht, er kann also auch nicht erkennen. Aber es ist auch recht gut möglich, daß das Gericht über den Antrag befindet, weil derselbe in der mündlichen Verhandlung zur Hauptsache gestellt wurde. Hier, so möchte man meinen, stehe nichts im Wege, über das Gesuch durch Zwischenurtheil zu entscheiden. Wir haben es jedoch mit einem das Verfahren betreffenden Gesuch zu thun, welches ohne vorhergegangene mündliche Verhandlung erledigt werden kann und dessen abschlägige Entscheidung gemäß § 530 der R.C.P.O. mittelst einfacher Beschwerde anfechtbar ist, woraus die Unzulässigkeit eines Zwischenurtheils sich ergibt.

Damit ist nun freilich noch nicht die Unzulässigkeit eines Zwischenurtheils für den Fall, daß dem Gesuche statt gegeben wurde, erwiesen. Doch wird man dieselbe gleichwohl behaupten müssen. Denn das Zwischenurtheil wird in den Motiven als anticipirter Bestandtheil des Endurtheils bezeichnet. Das Endurtheil kann aber nur nach vorgängiger mündlicher Verhandlung gefällt werden. Es darf nur dann ein Endurtheil gefällt werden, wenn demselben mündliche Verhandlung voraufgegangen sein muß.[2]) Daraus ergibt sich aber, daß derselbe Grundsatz für das Zwischenurtheil zu behaupten ist. Und weiter folgt daraus, daß

c) Ausschließlich solche Punkte, welche nur nach vorgängiger mündlicher Verhandlung erledigt werden dürfen, den Inhalt eines Zwischenstreites bilden können.

---

[1]) § 204 der R.C.P.O.

[2]) Von diesem Grundsatz ist nur für den Arrestproceß eine Ausnahme gemacht. Denn hier kann die Entscheidung ohne vorgängige mündliche Verhandlung erfolgen. Trotzdem aber ist, wenn das Gericht im einzelnen Falle wirklich mündliche Verhandlung anberaumt hatte, die Entscheidung über das Arrestgesuch durch Endurtheil vorgeschrieben. § 801 und 802 der R.C.P.O. Diese Bestimmung stellt sich jedoch als „Ausnahme von der Regel dar, wonach als Urtheil nur eine Entscheidung erscheint, der eine mündliche Verhandlung vorausgehen muß". Fitting a. a. O. S. 381 Anm. 16.

Zu diesen Punkten gehören aber alle diejenigen nicht, bei denen vorgängige mündliche Verhandlung nur facultativ ist, und also auch nicht das Gesuch um Abkürzung der Einlassungsfristen 2c.

Durch diese Auffassung komme ich nun freilich mit von Bülow[1]) in Collision, welcher „jede Streitigkeit, die respectu ihres Gegenstandes entweder vom Gesetz selbst als Zwischenstreit bezeichnet ist oder als solche behandelt werden kann", für eine Zwischenstreitigkeit erklärt, wenn über dieselbe mündlich verhandelt ist. Gleichwohl aber ergibt sich die Richtigkeit meiner Auffassung namentlich noch aus Folgendem:

Nach Abs. 2 des § 331 der R.C.P.O. wird bei Beweisstreitigkeiten, welche sich vor dem ersuchten oder beauftragten Richter unter den Parteien erheben, stets von Amtswegen Termin zur mündlichen Verhandlung vor dem Proceßgericht anberaumt. Danach ist vorgängige mündliche Verhandlung bei Erledigung dieser Zwischenstreite als etwas Selbstverständliches vorausgesetzt. Eine Besonderheit für die vor dem beauftragten oder ersuchten Richter sich erhebenden Zwischenstreite hat durch die fragliche Bestimmung nicht eingeführt werden sollen. Vielmehr ergeben die Motive, daß die Besonderheit nur in dem Verlassen des Grundsatzes des Proceßbetriebes durch die Parteien liegt.[2]) Wenn dies sich aber so verhält, so ist es gewiß nicht zu kühn, aus besagter Vorschrift des § 331 Abs. 2 die Nothwendigkeit der mündlichen Verhandlung, welche sich m. E. schon aus dem Erforderniß der Möglichkeit, durch Zwischenurtheil erledigt zu werden, ergibt, als allgemeines Erforderniß für den Zwischenstreit unter den Parteien abzuleiten. Dies wird indirect auch bestätigt durch die allgemeine Begründung des Entwurfs, wo unter den Fällen, auf welche der Grundsatz der Mündlichkeit des Verfahrens keine Anwendung finden soll, der Zwischenstreit unter den Parteien nicht genannt ist[3]) und ferner durch die Vorschrift in § 315 Abs. 2, nach welcher das vorbereitende Verfahren in Rechnungssachen 2c. so lange fortgesetzt werden soll, bis der Rechtsstreit selbst oder ein Zwischenstreit zur Entscheidung reif ist. Denn aus dieser Bestimmung ergibt sich, daß der Zwischenstreit etwas Festes, ein für alle Mal Gegebenes,

---

[1]) Beiträge Bd. XXII S. 815.
[2]) Motive S. 245.
[3]) Motive S. 20.

von der Willkür des Gerichts Unabhängiges ist.[1]) Wollte man aber Punkte mit vorgängiger facultativer mündlicher Verhandlung zu den Zwischenstreitspunkten rechnen, vorausgesetzt, daß im einzelnen Falle nur mündliche Verhandlung wirklich stattgefunden habe, so würde es doch immer wieder im Ermessen des Gerichts stehen, einen processualischen Streitpunkt zum Zwischenstreit zu erklären oder ihn davon auszuschließen. Die Erklärung zum Zwischenstreit brauchte nur nicht ausdrücklich zu geschehen, sondern würde schon in der Gestattung der mündlichen Verhandlung über den betreffenden Streitpunkt liegen.

Danach scheiden also von dem Inhalt des Zwischenstreites unter den Parteien alle processualischen Streitpunkte aus, welche ohne vorgängige mündliche Verhandlung erledigt werden können oder nach ausdrücklicher Gesetzesbestimmung durch Beschluß erledigt werden müssen. Diese beiden Kategorien von Streitpunkten decken sich keineswegs vollständig, wenngleich bei den meisten die Erledigungs-Fähigkeit ohne vorgängige mündliche Verhandlung und die Erledigungs-Nothwendigkeit durch Beschluß zusammentreffen. Aber einmal kann, obwohl mündliche Verhandlung vorgeschrieben ist, doch die Entscheidung durch Beschluß erfolgen müssen,[2]) und ferner giebt es doch auch einzelne Fälle, bei denen ohne vorgängige mündliche Verhandlung die Entscheidung durch Beschluß nicht ausdrücklich vorgeschrieben ist.[3])

Andererseits nöthigt endlich nichts dazu, einen Streitpunkt vom Gebiet des Zwischenstreites auszuschließen, dessen Erledigung im einzelnen Fall vielleicht durch Endurtheil erfolgen wird. Denn die Möglichkeit der Erlassung eines Zwischenurtheils ist dadurch noch nicht beseitigt. Es giebt Zwischenstreitspunkte, welche, je nachdem ihre Entscheidung für oder gegen den Zwischenstreitskläger ausfällt, durch Zwischenurtheil oder durch Endurtheil erledigt werden. Dahin gehören die schon erwähnten Streitpunkte über die formellen Voraussetzungen für die Zulässigkeit der Berufung oder Revision, des Einspruchs, der Nichtigkeits- oder Restitutionsklage 2c.

Wenn z. B. die Frage nach der form- und fristgerechten Einlegung der Berufung verneint wird, so wird die Berufung durch

---

1) Vergl. oben § 5 Nr. 3.

2) Vergl. § 291 der R.C.P.O.

3) Z. B. die Entscheidung, ob die Beschwerde an sich zulässig sei (§ 536 der R.C.P.O.)

Endurtheil verworfen, wird sie aber bejaht, so kann dies zunächst durch Zwischenurtheil ausgesprochen werden. Dasselbe gilt von der Frage nach den Voraussetzungen einer gewissen Proceßart, ob z. B. im einzelnen Fall der Urkunden- oder Wechselproceß zulässig sei.

Fassen wir danach alle bisher entwickelten Merkmale zusammen, so ergibt sich, daß das Gebiet des Zwischenstreites unter den Parteien weit enger begrenzt ist, als man es gewöhnlich hinstellt. Als die seinen Begriff constituirenden Momente haben sich nämlich folgende ergeben:

1) er muß im Laufe des Processes unter den Parteien entstehen und verhandelt werden;

2) er muß thatsächliche Voraussetzungen für die Anwendung einer Proceßrechtsregel, welche in den Zusammenhang des Processes hineingehören, zum Gegenstande haben;

3) er muß die Möglichkeit der Erledigung durch Zwischenurtheil gewähren.

Danach erübrigt noch die Beantwortung der Frage, wer denn Partei sei?

§ 12.

Die Parteien.

Der Rechtsstreit, das iudicium, setzt nothwendig zwei Theile voraus, den Kläger und den Beklagten.[1]) Kläger oder Beklagter ist nun aber nicht ohne Weiteres die Person, welche im Proceß die der Kläger- oder Beklagtenrolle zukommenden Handlungen vornimmt; denn die Parteifähigkeit und die Proceßfähigkeit fallen weit auseinander. Die Proceßfähigkeit ist die processualische Handlungsfähigkeit, während man unter Parteifähigkeit die Fähigkeit, Subject des Streitgegenstandes zu sein, versteht.[2]) Vielmehr sind Parteien die Prätendenten des Streitgegenstandes, die angeblichen Subjecte desselben, diejenigen Personen, zwischen welchen das den Gegenstand des Processes bildende Rechtsverhältniß in Rede steht.

Daraus folgt zunächst positiv, daß außer dem Kläger und Beklagten, dem Widerkläger und Widerbeklagten auch der oder die

---

[1]) l. 62 D. de iud. 5, 1.

[2]) Deshalb kann jede Person Partei sein, ohne die Proceßfähigkeit zu besitzen, während andererseits jede proceßfähige Person allerdings auch Rechtsfähigkeit haben muß, ohne daß sie deshalb auch Partei zu sein braucht.

Streitgenossen einer Partei selbst Parteien sind. Denn die Streitgenossenschaft ist schließlich doch nur eine äußerliche Verbindung mehrerer Streitigkeiten zu einem Verfahren, sodaß nun mehrere Kläger oder Beklagte als selbständige Parteien auftreten.[1])

Negativ aber folgt aus dem Gesagten, daß weder der mit der Vertretung einer Partei beauftragte Rechtsanwalt, noch der Nebenintervenient, noch der gesetzliche Vertreter Partei sein können. Gleichwohl ergibt sich aber aus der Stellung, welche diese Personen zu und gegenüber den Parteien einnehmen, daß zwischen ihnen und der Gegenpartei entstehende processualische Streitigkeiten als Zwischenstreite unter den Parteien anzusehen sind.

1) Was zunächst die Proceßbevollmächtigten anbelangt, so hat die R.C.P.O. die römisch rechtliche Idee von dem dominium litis[2]) nicht recipirt, sondern betrachtet den Proceßbevollmächtigten lediglich als Repräsentanten innerhalb der Grenzen seiner Vollmacht. Die Schritte des Proceßbevollmächtigten, welche dieser als Vertreter seiner Partei vornimmt, gelten also als von der letzteren selbst gethan, woraus weiter folgt, daß also auch die processualischen Streitigkeiten von Anwalt zu Anwalt, als Vertretern der Parteien, Zwischenstreit unter den Parteien sind, wenn sonst die Voraus setzungen dafür vorliegen. Doch wird man beim Rechtsanwalt sehr genau prüfen müssen, ob derselbe im einzelnen Falle als Vertreter seiner Partei, oder mehr in seiner Eigenschaft als Mitglied der Rechtsanwaltschaft auftritt. Letzteres trifft z. B. beim § 126 der R.C.P.O. zu. Hier handelt es sich bei dem Streit um die Rückgabe einer von dem einen Anwalt an den des Gegners ausgehändigten Urkunde selbst dann nicht um einen Zwischenstreit unter den Parteien, wenn der Rechtsanwalt sich nach § 74 Abs. 3 der R.C.P.O. selbst vertritt. Denn auch hier erhält er die Urkunde doch nur in seiner Eigenschaft als Anwalt ausgehändigt, nicht als Partei. Deswegen hat er gegen das ihn zur Herausgabe der Urkunde verurtheilende Zwischenurtheil auch in diesem Falle das Rechtsmittel der Beschwerde.

2) Aehnlich dem Verhältniß des Proceßbevollmächtigten zum

---

[1]) Planck: Die Mehrheit der Rechtsstreitigkeiten im Proceßrecht. Göttingen 1844. Wetzell, System S. 824 ff., und Motive S. 79 u. 80. Ueber die Voraussetzungen, unter denen die Verbindung mehrerer Processe zu einem Verfahren statt haben kann, vergl. die §§ 56 u. 57 der R.C.P.O.

[2]) Wetzell a. a. O. S. 69 ff.

Mandanten ist auch das Verhältniß des Nebenintervenienten zum Interventen, vorausgesetzt, daß seine Zulassung zum Proceß bereits erfolgt ist. Denn der Nebenintervenient ist selbst dann nicht Partei, wenn es sich um die Fälle des § 66 der R.C.P.O. handelt, in denen er als Streitgenosse des Interventen im Sinne des § 58 der R.C.P.O. gelten soll. Selbständig als Einzelner soll er hier dem Gegner des Interventen gegenüberstehen, sagen die Motive. Sie sagen nicht: selbständig als Partei.[1]) Eine „rechtliche Identificirung" des Intervenienten mit dem Streitgenossen beabsichtigt der § 66 der R.C.P.O. nicht, sondern nur eine Erweiterung seiner Befugnisse im Proceßbetriebe.[2]) Man wird deshalb auch hier, wie sonst überhaupt, den Nebenintervenienten als Beistand, Gehülfen, oder wie der neueste Schriftsteller über diesen Gegenstand, Schultze, ausführt, als Vertreter des Interventen kraft Rechtens anzusehen haben.[3]) Daraus ergibt sich aber für uns, daß wir es auch hier, wenn sich zwischen dem Intervenienten und dem Gegner des Interventen ein processualischer Streit erhebt, welcher sich als Zwischenstreit qualificirt, mit einem Zwischenstreit unter den Parteien zu thun haben. Der Umstand also, daß der Nebenintervenient die Stellung eines Streitgenossen in einzelnen Fällen inne hat, ist nicht sowohl für die Qualificirung der zwischen ihm und dem Gegner des Interventen vorkommenden Streitigkeiten als Zwischenstreitigkeiten unter den Parteien, als vielmehr für den Umfang, in welchem Zwischenstreitigkeiten,

---

[1]) Motive S. 88.

[2]) Schultze: „Die rechtliche Stellung des sog. Nebenintervenienten im Rechtsstreit" in der Zeitschrift für deutschen Civilproceß, Bd. II S. 20—100, und Gaupp a. a. O. zu § 66 der R.C.P.O. Anm. II Abs. 2: „Er (der Nebenintervenient) hört zwar dann nicht auf, Gehülfe der Hauptpartei zu sein, aber soweit es sich um die Unterstützung der Hauptpartei handelt, ist er ganz selbständig".

[3]) Vergl. vorige Anm. Schultze (a. a. O. S. 95) bezeichnet es als eine Inconsequenz und einen Widerspruch, daß die R.C.P.O. dem Nebenintervenienten die Stellung eines Vertreters der Proceßpartei kraft eigenen gesetzlichen Rechts einräume und doch ihn in der Ausübung dieses Rechts durch den Widerspruch der Proceßpartei beschränkt sein lasse. M. E. ist aber ein solcher Widerspruch nicht vorhanden. Denn es liegt nicht nur eine Beschränkung in der Ausübung, sondern geradezu im Recht vor. Der Nebenintervenient, welcher nicht Streitgenosse nach § 66 der R.C.P.O. wird, hat von vorn herein nur ein gesetzliches Vertretungsrecht insoweit, als die Partei seinen Erklärungen und Handlungen nicht widerspricht, oder bereits widersprochen hat.

die immer als solche unter den Parteien anzusehen sind, zwischen ihm und dem Gegner des Interventen vorkommen können, von Bedeutung. Denn da der Intervenient in den Fällen des § 66 der R.C.P.O. die Stellung eines Streitgenossen hat, so können insofern mehr Zwischenstreitigkeiten unter den Parteien vorkommen, als der Intervenient im Proceßbetriebe gänzlich unabhängig von dem Willen des Interventen ist, während ihm sonst die allgemeine Grenze gezogen ist, daß sich seine Erklärungen und Handlungen nicht mit Erklärungen und Handlungen der Hauptpartei im Widerspruch befinden dürfen.

Andererseits ist nun der Streit über die Zulassung der Nebenintervention niemals Zwischenstreit unter den Parteien.

Dies ist dann klar, wenn beide Parteien sich gegen die Zulassung des Nebenintervenienten erklären. Hier stehen beide Parteien dem Nebenintervenienten gegenüber, und da der Letztere noch nicht innerhalb des Processes steht, so haben wir es mit einem Zwischenstreit mit Dritten zu thun. Nun ist es aber auch möglich, daß die eine der Parteien den Zutritt einer Person als Nebenintervenientin gestatten will, während die andere Partei sich dagegen erklärt. Gleichwohl liegt auch hier ein Zwischenstreit unter den Parteien nicht vor. Dies darf man freilich nicht damit rechtfertigen, daß die Parteirollen in diesem Zwischenstreit immer so vertheilt gedacht werden müßten, daß auf der einen Seite beide Parteien im Hauptproceß, auf der anderen dagegen der Intervenient zu stehen kommen. Wäre das richtig, so würde man, wovor allerdings Gaupp[1]) nicht zurückschreckt, zu dem gewiß nicht zu billigenden Resultate gelangen, daß, im Fall die Intervention für zuläßig erklärt würde, sogar diejenige von beiden Parteien im Hauptproceß sich über die Entscheidung beschweren könnte, welche gegen die Zulassung nichts einzuwenden hatte. Auch würde der § 68 der R.C.P.O., nach welchem über den Antrag auf Zurückweisung einer Nebenintervention nach vorgängiger mündlicher Verhandlung unter den Parteien und dem Nebenintervenienten entschieden werden soll, willkürlich dahin ausgelegt werden müssen, daß über die Zulassung der Intervention zwischen den Parteien einerseits und dem Nebenintervenienten andererseits verhandelt werden solle. Denn es ist gewiß angemessener, die Parteirollen

---

[1]) a. a. O. Anm. II zu § 68 der R.C.P.O

im Zwischenstreit über die Zulässigkeit der Nebenintervention in der Weise zu vertheilen, daß auf der einen Seite die Partei, welche die Zulassung des Nebeninterveniенten verweigert, auf der andern aber die Partei, welche der Nebenintervention günstig ist und der Nebenintervenient zu stehen kommen. Ein Zwischenstreit mit Dritten liegt aber, im Fall Parteien über die Zulassung der Nebenintervention streiten, um deswillen vor, weil ein solcher Streit doch immer erst dann ausbrechen kann, wenn ein Dritter erklärt hat, er wolle als Intervenient auftreten. Vorher wird das Gericht sich überhaupt auf nichts nach dieser Richtung hin einlassen. Daraus folgt dann aber, daß zu den über die Zulassung streitenden Personen außer den Parteien immer auch der Dritte zu rechnen ist.

3) Bezüglich der Stellung des gesetzlichen Vertreters endlich ist zu bemerken, daß derselbe ebensowenig, wie der Proceßbevollmächtigte, Partei ist. Denn wenngleich seine Stellung einige Aehnlichkeit mit dem dominium litis besitzt, so wird doch nur immer die proceßunfähige Partei selbst verurtheilt und nur gegen sie geht auch die actio iudicati. Der gesetzliche Vertreter steht eben doch nur an Stelle der proceßunfähigen Partei. Deshalb sind aber auch die zwischen ihm und dem Gegner der von ihm vertretenen proceßunfähigen Partei ausbrechenden Zwischenstreitigkeiten solche unter den Parteien.

Zu den gesetzlichen Vertretern einer Partei ist nun im Falle des Ausbruchs des Concurses über das Vermögen der Partei m. E. auch der Concursverwalter zu rechnen.

Denn daß der Cridar auch nach eröffnetem Concurs wie bisher Partei bleibt, und daß also nicht der Concursverwalter Partei wird, ergibt sich zur Evidenz aus § 5 der R.Conc.O., nach welchem der Cridar zwar mit der Eröffnung des Concursverfahrens Verwaltungs- und Verfügungsbefugniß über sein Vermögen verliert, aber doch selbst Subject dieses Vermögen bleibt. Auch im Streit befangene Forderungen und Schulden gehören nach wie vor ihm und also bleibt er auch Partei. Diese seine Rechtsstellung erleidet auch dadurch, daß der Concursverwalter den Proceß aufnimmt, wozu derselbe nach den §§ 8 u. 9 der R.Conc.O. berechtigt ist, keine Abänderung. Es ist unrichtig, wenn von Völderndorff sowohl als Stieglitz, freilich im Anschluß an die Motive, die Meinung vertreten, mit der Aufnahme des Processes durch den

Concursverwalter höre der Gemeinschuldner auf, Partei zu sein.[1]) Denn mit welchem Rechte sollte man wohl annehmen dürfen, daß durch die Aufnahme des Verfahrens Seitens des Concursverwalters eine Singularsuccession in die Forderung sich vollziehe, während doch bei allen übrigen Vermögensgegenständen, auch wenn sie der Concursverwalter zur Masse zieht, der Cridar nach wie vor als berechtigtes Subject anzusehen ist. Und wenn der Concursverwalter die Herausgabe des Streitgegenstandes erstritten hat — es handelte sich z. B. um Vindication einer Sache — soll dann er selbst, beziehentlich die Gläubigerschaft Eigenthümerin der Sache sein? Dasselbe, was für die Activprocesse des Cridars gilt, müßte doch übrigens jedenfalls auch für die Passivprocesse desselben Rechtens sein. Und doch käme man da zu unerträglichen Resultaten. Denn dann müßten der Concursverwalter beziehentlich die Gläubigerschaft im Fall des Unterliegens persönlich für die Proceßkosten einstehen. Auch würde sich schließlich diese Auffassung kaum mit dem bereits citirten § 5 der R.Conc.O. vertragen, nach welchem das Vermögen trotz der Concurseröffnung dem Cridar verbleiben und nur das Verwaltungs- und Verfügungsrecht durch den Concursverwalter ausgeübt werden soll. Denn auch das ausgedehnteste Verwaltungs- oder Verfügungsrecht kann doch den Concursverwalter nicht in den Stand setzen, sich zum Forderungsberechtigten und dadurch zur Partei zu machen. Partei zu sein ohne wirkliche oder wenigstens behauptete materielle Berechtigung ist aber unmöglich.[2])

Bleibt also der Cridar Partei, so kann die Stellung des Concursverwalters im Proceß keine andere sein, als die eines gesetzlichen Vertreters des Cridars.[3]) Dies ist bedeutungsvoll für die

---

[1]) von Völderndorff, Conc.O. Bd. I S. 415, und Stieglitz, Conc.O. S. 58; vergl. auch von Völderndorff a. a. O. S. 153, wo dem Concursverwalter für Passivprocesse die Stellung eines gesetzlichen Vertreters des Gemeinschuldners beigelegt wird.

[2]) Davon besteht nur eine Ausnahme für den Fall der Veräußerung des Streitgegenstandes. §§ 236 u. 237 der R.C.P.O. vergl. unten S. 104.

[3]) Vergl. auch Fuchs, der deutsche Concursproceß, Leipzig 1877 S. 103. Dagegen jedoch von Völderndorff, Commentar zur Conc.O. S. 35. Den Einwand dieses Schriftstellers, die Auffassung des Concursverwalters als Vertreter des Cridars sei um deswillen unmöglich, weil der Concursverwalter den Cridar zum Manifestationseide treiben und dessen frühere Handlungen anfechten könne (§§ 115 u. 29 der Conc.O.), halte ich nicht für stichhaltig. Denn

Auffassung des § 218 der R.C.P.O. und der §§ 8 und 9 der R.Conc.O. Es ergibt sich daraus nämlich, daß das Aufnahmeverfahren, welches nach der durch die Concurseröffnung bewirkten Unterbrechung des Processes gemäß dieser Paragraphen eintritt, als Zwischenstreit unter den Parteien aufzufassen ist. Dies wird auch bestätigt durch den Umstand, daß weder in § 217 noch § 218 der R.C.P.O. das Rechtsmittel der Beschwerde gegeben ist. Wäre aber in diesen Paragraphen ein Zwischenstreit mit Dritten enthalten, so müßte dieses Rechtsmittel Platz greifen.[1])

Daß nach dieser Auffassung ein doppelter Zwischenstreit unter den Parteien vorkommen kann, wenn das durch die Concurs-

---

diese Befugnisse ergeben sich aus dem Zweck des Concursverfahrens, eine möglichst gleichmäßige Befriedigung der Gläubiger herbeizuführen. Der Cridar hat sich als unfähig erwiesen, sein Vermögen zu verwalten, und erhält nun für die Dauer des Verfahrens eine Art Vormund, der natürlich auch Zwangsmaßregeln innerhalb des Zweckes des Concursverfahrens muß in Anwendung bringen können. Und auch die Möglichkeit, Rechtshandlungen des Cridars anzufechten, steht dieser Auffassung nicht im Wege. Denn Beispiele einer derartigen Anfechtungsbefugniß finden sich auch in andern Fällen der Bevormundung. So kann z. B. nach preuß. A.L.R. die Ehe einer minderjährigen elterlosen Waise, welche ohne Consens des Vormundes abgeschlossen wurde, von dem Vormund angefochten werden. Vergl. die §§ 999, 973—975 u. 978—984 II, 1 des preuß. A.L.R. und die §§ 29 u. 36 des R.G. v. 6. Februar 1875.

[1]) Vergl. Fitting a. a. O. S. 291 Anm. 1 u. Wach a. a. O. S. 100 a. E.

§ 218 der R.C.P.O.: Im Falle der Eröffnung des Concurses über das Vermögen einer Partei wird das Verfahren, wenn es die Concursmasse betrifft, unterbrochen, bis dasselbe nach den für den Concurs geltenden Bestimmungen aufgenommen oder das Concursverfahren aufgehoben wird.

§ 8 der R.Conc.O.: Rechtsstreitigkeiten über das zur Concursmasse gehörige Vermögen, welche zur Zeit der Eröffnung des Verfahrens für den Gemeinschuldner anhängig sind, können in der Lage, in welcher sie sich befinden, von dem Concursverwalter aufgenommen werden. Wird die Aufnahme verzögert, so kommen die Bestimmungen des § 217 der R.C.P.O. zur entsprechenden Anwendung.

Lehnt der Verwalter die Aufnahme des Rechtsstreites ab, so kann sowohl der Gemeinschuldner als der Gegner denselben aufnehmen.

§ 9 der R.Conc.O.: Rechtsstreitigkeiten, welche gegen den Gemeinschuldner anhängig und auf Aussonderung eines Gegenstandes aus der Concursmasse oder auf abgesonderte Befriedigung gerichtet sind oder einen Anspruch betreffen, welcher als Masseschuld zu erachten ist, können sowohl von dem Concursverwalter als von dem Gegner aufgenommen werden.

Erkennt der Verwalter den Anspruch sofort an, so fallen ihm die Proceßkosten nicht zur Last.

eröffnung unterbrochene Proceßverfahren wieder aufgenommen werden soll, zuerst mit dem Concursverwalter als Vertreter des Cridars und darauf noch mit dem Cridar selbst,[1]) steht m. E. nicht entgegen. Es erklärt sich dies vielmehr aus dem eigenthümlichen Zweck, zu welchem das Vertretungsrecht dem Concursverwalter eingeräumt ist. Der Cridar hat sich, wie durch die Concurseröffnung feststeht, unfähig erwiesen, sein Vermögen so zu verwalten, daß seine Gläubiger nicht geschädigt werden. Deshalb mußte ihm, um die Gläubiger vor größerem Schaden zu bewahren und eine möglichst gerechte und gleichmäßige Befriedigung ihrer Forderungen zu bewirken, die Verwaltungs- und Verfügungsbefugniß entzogen werden. Dies war jedoch nicht ganz allgemein nothwendig, sondern nur, soweit es der Zweck der Befriedigung der Gläubiger mit sich bringt. Gerade die Erreichung dieses Zweckes verlangt aber für den Concursverwalter eine gewisse Freiheit in der Bewegung, namentlich bezüglich der Frage, welche Vermögensstücke zur Concursmasse gezogen werden sollen, welche nicht. Denn die Vermögenslage eines Cridars ist nicht überall die gleiche und vielleicht erscheint auch der Ausgang des anhängigen Processes mehr als zweifelhaft. Deshalb muß die Verfügungsfähigkeit über den Streitgegenstand principaliter dem Concursverwalter zustehen, welcher als der vom Gericht auf gesetzlicher Grundlage angeordnete Vertreter des Cridars an dessen Stelle die Befriedigung der Gläubiger bewirken soll. Erklärt er, den Proceß zur Masse ziehen zu wollen, so ist er nun der alleinige proceßfähige Disponent, aber nicht Partei. Ist er der Meinung, daß es für den Zweck der Befriedigung der Gläubiger nicht vortheilhaft sei, den Proceß fortzuführen, so scheidet mit der Ablehnung der Aufnahme des Processes zugleich der Klageanspruch aus der Verfügungs- und Verwaltungsbefugniß des Concursverwalters aus und der Cridar wird hinsichtlich seiner wieder proceßfähig. Partei wird er nicht, denn er hat nie aufgehört, Partei zu sein.

§ 13.

Veränderungen in den Proceßsubjecten.

Auch die Fälle, in denen während des Laufes des Processes eine Veränderung in den Proceßsubjecten sich vollzieht, indem an

[1]) Vergl. § 8 Abs. 7 der R.Conc.O.

die Stelle der einen oder anderen ausscheidenden Partei eine andere Person als Partei tritt, sind für die Begriffsbestimmung des Zwischenstreites unter den Parteien von Interesse. Denn abgesehen davon, daß die Feststellung der Parteiqualität einer im Proceß auftretenden Person von Bedeutung ist, um die Frage, ob Zwischenstreit unter den Parteien oder nicht, beantworten zu können, muß auch der Moment, mit welchem der Uebergang der Parteirolle stattfindet, erkannt werden. Denn vor diesem Zeitpunkt mit der nachmaligen Partei entstehende Streitigkeiten können doch nie solche unter den Parteien sein. Dieser Grundsatz ist wichtig für die Beurtheilung derjenigen Fälle, in denen das Gesetz ein besonderes Aufnahmeverfahren beim Wechsel einer Partei vorschreibt. Denn wenn sich dasselbe als Zwischenstreit unter den Parteien qualificiren soll, so ist es nothwendig, daß der Uebergang der Parteirolle auf diejenige Person, gegen welche das Aufnahmeverfahren gerichtet wird, bereits stattgefunden habe. Die betreffende Person darf nicht erst durch die Aufnahme Partei werden.

Dabei würde es jedoch nicht zutreffend sein, die Erörterungen auf diejenigen Fälle, in denen ein förmliches Aufnahmeverfahren eintritt, beschränken zu wollen. Denn keineswegs überall, wo eine Unterbrechung und Aussetzung des Verfahrens mit sich anschließendem Aufnahmeverfahren statt hat, handelt es sich um Uebertragung der Parteirolle. Eine solche liegt z. B. nicht vor bei der Unterbrechung des Verfahrens wegen Concurseröffnung über das Vermögen einer Partei, wegen Erledigung der gesetzlichen Vertretung, Tod oder Unfähigkeit des Anwalts im Anwaltsproceß. Andererseits kann eine Uebertragung der Parteirolle ohne jede Unterbrechung beziehentlich Aussetzung des Verfahrens sich vollziehen. So bewirkt der Tod einer Partei beim Vorhandensein eines Proceßbevollmächtigten keine Unterbrechung,[1]) obwohl eine Succession der Erben in die Rolle der verstorbenen Partei vorliegt. Doch kann das Gericht die Aussetzung des Verfahrens anordnen. Und wenn der Erwerber einer res litigiosa an Stelle des Rechtsvorgängers mit Zustimmung des Gegners den Proceß als Hauptpartei übernehmen will oder muß, so tritt weder eine Unterbrechung noch eine Aussetzung des Verfahrens ein.

I. Wende ich mich nun zu den Fällen, in denen eine Suc-

---

[1]) § 223 der R.C.P.O.

cession in die Parteirolle sich ereignet, so ist vorweg der § 72 der R.C.P.O. auszuscheiden.[1])

Denn wenn auch jeder Dritte, welcher die zwischen zwei processirenden Parteien streitige Forderung für sich beansprucht, nach vorgängiger Streitverkündigung durch den beklagten Schuldner in den Proceß „eintreten" darf, so succedirt er dadurch doch nie in die Rolle des Litisdenuntianten, auch wenn dieser unter den in § 72 der R.C.P.O. enthaltenen Voraussetzungen seine Entlassung aus dem Proceß beantragen sollte. Vielmehr hat diese Entlassung aus dem Proceß, wie schon Wach[2]) hervorgehoben hat, im Wesentlichen die Bedeutung der Entbindung des Beklagten von der Defensionspflicht.[3]) Der Beklagte bleibt Partei. Letzteres ergibt sich daraus, daß der Beklagte, trotz seiner Entlassung, noch an dem Streit darüber, wer die Proceßkosten und die Kosten der Deposition zu tragen hat, betheiligt ist. Denn wenn auch der Richter von Amtswegen den Unterliegenden der beiden Forderungsprätendenten zur Tragung der dem Beklagten entstandenen, nicht durch dessen unbegründeten Widerspruch veranlaßten Kosten, einschließlich der Hinterlegungskosten zu verurtheilen hat, so ist es doch denkbar, daß diese Amtspflicht im einzelnen Fall vergessen wird. Hier muß aber der Beklagte gemäß § 292 der R.C.P.O. die Ergänzung des Urtheils verlangen können. Und dazu bedarf er doch wohl der Parteiqualität, obgleich der § 292 der R.C.P.O. nicht ausdrücklich nur den Parteien das Recht, Ergänzung des Urtheils zu beantragen, zugesteht. Und wenn man auch diesem Grunde keine Beweiskraft sollte beilegen wollen, so wird man solche doch dem andern m. E. nicht absprechen können, daß der Beklagte auch noch bei der Frage, ob und eventuell welche Kosten ihm selbst wegen unbegründeten Widerspruchs zur Last zu legen sein möchten, lebhaft interessirt ist. Denn regelmäßig wird es unthunlich sein, gleichzeitig mit der Entlassung des Beklagten aus dem Proceß die Frage, ob sein Widerspruch ein unberechtigter war, zu entscheiden; und doch kann man unter keinen Umständen annehmen, daß er, obwohl nicht mehr Partei, noch in Kosten soll verurtheilt werden können. Der Beklagte bleibt also Partei und so ist eine Succession des Litisdenuntiaten in seine Stelle unmöglich.

[1]) A. M. Puchelt a. a. O. Bd. II S. 22.
[2]) a. a. O. S. 82.
[3]) vergl. jedoch folgende Seite bei Anm. 2.

Noch viel weniger aber kann der Litisdenuntiat in die Stelle des Klägers succediren, denn ihm gegenüber behauptet er ja, zur Empfangnahme des Depositums berechtigt zu sein. Vielmehr stellt sich der sogenannte „Eintritt" des Litisdenuntiaten lediglich als ein besonderer Fall der Principalintervention heraus. Der Litisdenuntiat ist Kläger im Interventionsproceß, ohne daß im Fall des § 72 der R.C.P.O. die Vorschriften für die Klageerhebung maßgebend wären.[1]) In diesem Interventionsproceß können sich dann natürlich auch Zwischenstreite unter den Parteien ereignen. Demgemäß ist auch die Frage nach der Entlassung des ursprünglichen Beklagten aus dem Proceß, welche auftauchen kann, wenn der Litisdenuntiat intervenirt hat, Zwischenstreit unter den Parteien. Die Erledigung dieses Streitpunktes geschieht durch Zwischenurtheil und zur Vorbereitung des Endurtheils. Sie kann nach dem bisher Gesagten freilich nicht ein vollständiges Aufhören der Parteiqualität des ursprünglichen Beklagten bewirken. Doch dient sie insofern zur Vorbereitung des Endurtheils, als mit der Entlassung aus dem Proceß zugleich auch das Defensionsrecht[2]) bezüglich der streitigen Forderung für den Beklagten verloren geht Die Erledigungsfähigkeit durch Zwischenurtheil würde allerdings fehlen, wenn man zugleich auch die Frage bezüglich der durch unbegründeten Widerspruch des Beklagten entstandenen Proceßkosten zum Inhalte des Zwischenstreites erklären wollte. Denn über Theile des Streitgegenstandes, zu welchem auch die Proceßkosten gehören, kann nicht durch Zwischenurtheil erkannt werden.[3]) M. E. aber kann die Frage nach dem Kostenpunkt nicht mit Gegenstand des Zwischenstreites über die Entlassung des Beklagten sein. Denn sonst müßte über diese Kosten auch dann mit erkannt werden, wenn das Entlassungsgesuch zurückgewiesen würde. Das geschieht aber nicht. Im Fall der Zurückweisung wird weder auf Tragung noch Nichttragung der Kosten erkannt. Und auch im Fall der Zulassung ist es, wie schon bemerkt, meistens unmöglich, sogleich über die Kosten mit zu erkennen, weil es sich zur Zeit noch gar nicht wird feststellen lassen, ob der Widerspruch ein begründeter oder un-

---

[1]) Vergl. auch Wach a. a. O. S. 83 Anm. *.

[2]) Nicht blos die Defensionspflicht hört auf, wie Wach a. a. O. S. 83 meint.

[3]) Vergl. oben S. 16 ff.

begründeter war. Ist aber die Frage nach den durch unbegründeten Widerspruch des Beklagten entstandenen Proceßkosten nicht Inhalt des Zwischenstreites unter den Parteien, so zwingt auch nichts dazu, das über die Proceßkosten sich verhaltende Urtheil für ein Zwischenurtheil zu erklären. Vielmehr hat m. E. das Urtheil, welches die Entlassung zuläßt und zugleich den Beklagten in die durch seinen Widerspruch entstandenen Kosten verurtheilt, in Betreff der letzteren die Natur eines Theilurtheils.

Die einzelnen Fälle der Succession in die Parteirolle liegen nun vor:

a) Wenn der als Besitzer einer Sache Belangte behauptet, er besitze im Namen eines Dritten, und der Dritte mit Zustimmung des Beklagten — unter Umständen auch des Klägers — an Stelle des Beklagten den Proceß übernimmt.[1])

b) Im Fall der Veräußerung einer res litigiosa. Die Veräußerung allein soll nach ausdrücklicher Bestimmung des Gesetzes auf den Proceß keinerlei Einfluß haben. Also auch eine Succession in die Parteirolle wird durch dieselbe nicht bewirkt, wie daraus hervorgeht, daß der Rechtsnachfolger als Nebenintervenient auftreten kann. Vielmehr tritt eine solche erst ein, wenn der Rechtsnachfolger mit Zustimmung des Gegners den Proceß als Hauptpartei an Stelle des Rechtsvorgängers übernimmt. Der Zustimmung des Gegners aber bedarf es nicht, wenn es sich um die Veräußerung eines Grundstücks handelt, welches zwar nicht selbst im Streit befangen war, aber doch insofern beim Proceß in Betracht kam, als der Streit seines Besitzers sich um ein an dasselbe geknüpftes Recht oder um eine auf ihm ruhende Belastung drehte. In diesem Falle soll nämlich der Erwerber des Grundstücks berechtigt und auf Antrag des Gegners verpflichtet sein, den Rechtsstreit in der Lage, in welcher er sich befindet, als Hauptpartei zu übernehmen.[2])

c) Wenn eine Partei im Laufe des Rechtsstreits gestorben ist. Hier sollen die Rechtsnachfolger berechtigt und auf Verlangen des Gegners verpflichtet sein, das Verfahren aufzunehmen.[3])

Es fällt sofort in die Augen, daß in dem Falle unter b so-

---

[1]) § 73 der R.C.P.O.
[2]) §§ 236 und 237 der R.C.P.O.
[3]) §§ 217 und 220 der R.C.P.O.

wohl als in dem unter c von den Rechtsnachfolgern die Rede ist, ohne daß eine nähere Bezeichnung derselben, ob Universal- oder Singularsuccessoren, ob Successoren mortis causa oder inter vivos hinzugefügt wäre. Es bedarf also, um das Verhältniß der §§ 236 und 237 der R.C.P.O. zu dem § 217 l. c. klar zu stellen, vor allen Dingen der Beantwortung der Frage, in welchem Sinne hier wie dort der Ausdruck „Rechtsnachfolger" gebraucht ist. Dabei liegt es nahe, mit Bolgiano[1]) die §§ 236 und 237 auf Rechtsgeschäfte unter Lebenden zu beschränken, sämmtliche Rechtsgeschäfte von Todes wegen aber dem § 217 der R.C.P.O. zuzutheilen. Mir scheint es jedoch nothwendig, auch die auf den Willen des Veräußerers zurückführbaren Singularsuccessionen mortis causa unter die §§ 236 und 237 der R.C.P.O. zu subsumiren, so daß der Ausdruck Rechtsnachfolger in § 217 gleichbedeutend mit Universalsuccessor ist. Für diese Abgrenzung spricht vor allen Dingen der Umstand, daß der § 236 der R.C.P.O. mit der Beseitigung des gemeinrechtlichen Veräußerungsverbotes der res oder actio litigiosa beginnt. Unter dieses Veräußerungsverbot fiel aber auch das Vermächtniß einer res litigiosa, wie sich aus nov. 112 c. 1 ergibt. Letzteres will zwar Windscheid[2]) nicht anerkennen, und er hat damit Recht, soweit es sich um die dem Veräußerer angedrohten Vermögensstrafen handelt. Aber die Bedeutung des Veräußerungsverbotes geht weiter, insofern außerdem die Einflußlosigkeit der Veräußerung auf das Proceßrechtsverhältniß zwischen den ursprünglichen Parteien ausgesprochen wird. Dies geschieht in l. 2 C. 8, 37 freilich nur für vertragsmäßige Veräußerungen, doch findet sich in nov. 112 c. 1 eine Anwendung dieser Bestimmung auf den Fall, daß Jemand eine Sache vermachte, über deren Eigenthum er processirte. Hier wird bestimmt, daß der Erbe des Vermächtnißgebers den Proceß fortführen solle, und der Grund dieser Bestimmung ist m. E. lediglich darin zu suchen, daß es sich bei dem Vermächtniß um eine verbotene Veräußerung handelte. Denn der Regel gemäß müßte, da der Vermächtnißnehmer in das Eigenthum des Vermächtnißgebers an der vermachten Sache succedirte, zugleich auch seine Succession in das an Stelle der aus dem verletzten Recht entsprungenen actio getretenen iudicium sich vollzogen haben.[3]) Er müßte also

[1]) Bolgiano, Lehrbuch S. 270.

[2]) a. a. O. § 125 Anm. 9.

[3]) Vergl. Wetzell a. a. O. S. 45 Anm. 12.

auch den Proceß weiterführen. Denn wenn auch in der fraglichen Gesetzesstelle die Absicht des Testators betont wird, daß der Vermächtnißnehmer nur das erhalten solle, was schließlich bei dem Proceß herauskommt, so kann dies doch kein Grund sein, weshalb der Vermächtnißnehmer nicht selbst den Proceß seines Vermächtnißgebers hätte zu Ende führen können. Man wird hiernach zu der Annahme berechtigt sein, daß das Vermächtniß einer streitigen Sache gemäß der Grundsätze über Veräußerung von res litigiosae keine Veränderungen in den Proceßsubjecten zu bewirken im Stande ist. Denn daß die Erben an Stelle des verstorbenen Vermächtnißgebers den Proceß fortsetzen, ist nicht eine Folge des Vermächtnisses, sondern des Todes ihres Erblassers. Eine Folge des Vermächtnisses würde es sein, wenn der Vermächtnißnehmer den Proceß fortzuführen hätte. Dies wird aber abgelehnt und ihm lediglich überlassen, als socius litis an dem Proceß Theil zu nehmen.

Aus dem Gesagten ergibt sich ein fernerer Grund gegen Bolgiano. Wenn man nämlich annehmen wollte, daß der § 217 der R.C.P.O. auch die Singularsuccession mortis causa mit umfasse, so würde darin eine schwere Beeinträchtigung der Rechte und Interessen der Vermächtnißnehmer liegen. Wem ein Erblasser seine Sache vermacht hat, der wird ipso iure und unmittelbar vom Erblasser Eigenthümer der vermachten Sache, sobald dies legati cedit et venit.[1]) Auf diesen dies ist es aber ganz einflußlos, ob über die vermachte Sache ein Streit schwebt oder nicht, wenn nur der Erbe die Erbschaft angetreten hat und die etwa dem Vermächtniß zugefügte Zeitbestimmung oder Bedingung eingetreten ist. Mit diesem dies würde also der Vermächtnißnehmer Rechtsnachfolger geworden sein. Wollte man nun den § 217 der R.C.P.O. auf einen solchen Vermächtnißnehmer anwenden, so würde der Letztere gezwungen werden können, selbst den Proceß über den Vermächtnißgegenstand weiterzuführen. Er könnte sich von dieser Verpflichtung nur durch Ablehnung des Vermächtnisses befreien.

Einen solchen eclatanten Eingriff in das materielle Recht kann der § 217 der R.C.P.O. nicht beabsichtigt haben. Die Interessen des Vermächtnißnehmers fordern geradezu die Subsumirung auch der eine Singularsuccession bewirkenden Verfügungen mortis causa unter den § 236 der R.C.P.O. Der Vermächtnißnehmer darf nicht

---

[1]) l. 69 pr. D. I, l. 19 § 1 D. 8, 6.

vor die Alternative der Repudiation des Legates oder der Annahme desselben unter gleichzeitiger Succession in die Parteirolle stehen. Das würde dem Willen des Testators in vielen Fällen nicht entsprechen. Das Interesse des Vermächtnißnehmers ist aber gewahrt, wenn er berechtigt ist, als Nebenintervenient den Erben des Vermächtnißnehmers beizustehen oder mit Einwilligung des Gegners den Proceß als Hauptpartei zu übernehmen.[1])

II. Nach dieser Betrachtung der einzelnen Successionsfälle und nachdem sich herausgestellt, daß der § 217 der R.C.P.O. nur die Universalsuccessoren einer verstorbenen Partei im Auge hat, kann nunmehr zur Untersuchung der bei Weitem wichtigeren Frage, mit welchem Moment die Succession in die Parteirolle eingetreten und von welchem Augenblick an also die Möglichkeit eines Zwischenstreites unter den Parteien in diesen Successionsfällen gegeben sei, übergegangen werden.

a) Was zunächst die Succession in das Proceßrechtsverhältniß durch Tod einer Partei anbelangt, so bestimmte schon das römische Recht, daß ein rechtshängiger Proceß vom Augenblick der Litiscontestation an gleich andern Rechtsverhältnissen ipso iure auf die Erben der verstorbenen Partei übergehen solle.[2])

Durch die mittelalterliche Praxis[3]) hatte sich nun aber im gemeinen Proceß ein Verfahren ausgebildet, welches auf Fortführung des Processes durch die Erben der verstorbenen Partei gerichtet war, indem entweder die Erben ihre Zulassung oder der Gegner ihre Zuziehung im Proceß beantragten. Das Verfahren hatte keineswegs den Zweck, die Succession in das Proceßrechtsverhältniß zu bewirken, sondern weil die Erben bereits Partei geworden waren, durften beziehentlich mußten sie nun den Proceß ihres Erblassers fortsetzen. Dies ergibt sich m. E. unter Anderm aus den Bestimmungen über die clausula heredum. Wenn nämlich die Proceßvollmacht für den Vollmachtgeber und seine Erben lautete, sollte im Fall seines Todes der Proceß Seitens beziehentlich gegen den Bevollmächtigten ohne Unterbrechung weiter geführt werden.[4]) Wollte man hier nicht eine ipso iure eintragende Suc-

---

[1]) Vergl. Gaupp a. a. O. Bemerk. I zu § 217 und Bemerk. II zu § 236 der R.C.P.O.

[2]) l. 8 § 1 D. 27, 7, l. 31 D. 5, 1.

[3]) Wetzell a. a. O. S. 42 Anm. 4.

[4]) J.R.A. § 99.

cession der Erben annehmen, so würde gar nicht zu erklären sein, wie trotz des Todes des Erblassers das Verfahren ruhig weiter laufen könne. Denn ein Proceß setzt wesentlich zwei Parteien voraus. Die gestorbene Partei aber kann nicht mehr Partei sein. Man hätte also, wenn die Erben nicht ipso iure Partei geworden sind, in dem Proceßbevollmächtigten einen Repräsentanten ohne Repräsentirten. Denn man kann doch auch nicht annehmen, daß der Procurator selbst Partei werde. Zwar sollen ja nach § 99 des J.R.A. „sowohl die Definitiv- als Bey-Urtheil in des Procurators Person gefaßt und gesprochen werden", aber doch nur, „dafern die Erben annoch nicht nahmhafft gemacht". Sind also die Erben namhaft gemacht, was ja möglicher Weise die Gegenpartei besorgen konnte, so geht das Urtheil ohne Aufnahmeverfahren gegen die Erben direct, woraus sich ergibt, daß die Erben auch ohne dies Verfahren Partei geworden sind. Es ist also nicht ganz genau, wenn Renaud[1]) sagt: „durch Universalsuccession treten die Erben beim Tode einer Partei in deren Stelle, vorausgesetzt, daß sie den Streit reassumiren. Die Litisreassumtion hat für die Succession in die Parteirolle nicht constitutive, sondern höchstens declarative Bedeutung. Sie ist lediglich die Form, in welcher eine Unterbrechung des Verfahrens beseitigt wird.

Eine andere Bedeutung kommt dem Aufnahmeverfahren auch nach der R.C.P.O. nicht zu. Dafür spricht einmal, daß auch in den Fällen, in welchen eine Unterbrechung des Verfahrens ohne Wechsel der Parteien eintritt, besondere, beziehentlich dieselben Vorschriften über das Aufnahmeverfahren gegeben sind.[2]) Es folgt dies aber auch aus der Bestimmung, daß das Proceßmandat nicht durch den Tod des Mandanten erlöschen solle. Denn diese Vorschrift ist an Stelle der clausula heredum des gemeinen Processes getreten und läßt sich nur so auffassen, daß ein für alle Mal kraft Gesetzes der Bevollmächtigte berechtigt sein solle, den Proceß nach dem Tode des Machtgebers für dessen Erben fortzusetzen. Eine Bestätigung dieser Auffassung enthalten die Motive, indem dieselben das dem Gegner eingeräumte Recht, die Aussetzung des Verfahrens zu beantragen, damit begründen, daß es ihm nicht gleichgültig sein könne, ob er fernerhin „mit ihm vielleicht gänzlich unbekannten,

---

[1]) Lehrbuch S. 110.

[2]) Vergl. §§ 219, 220 u. 223 der R.C.P.O. sowie das über den Concursverwalter im vorigen Paragraphen Ausgeführte.

seinem Anspruche möglicher Weise gar nicht widersprechenden Personen streiten solle." [1])

Der Rechtsnachfolger einer verstorbenen Partei tritt also ipso iure in den von dieser geführten Proceß ein.[2]) Deshalb sind die Verhandlungen über die Aufnahme des Verfahrens, welche mit den Rechtsnachfolgern einer verstorbenen Partei gepflogen werden, bereits Verhandlungen mit der Gegenpartei. Steht also die Rechtsnachfolge fest, so ist ganz unbedenklich die Frage nach der Verpflichtung der Rechtsnachfolger zur Fortsetzung des Verfahrens Zwischenstreit unter den Parteien.

Allein man wird noch weiter gehen und behaupten müssen, daß durch die R.C.P.O. auch die Voraussetzung für die Fortsetzung des Verfahrens, daß nämlich die in Anspruch Genommenen wirklich die Rechtsnachfolger der verstorbenen Partei sind, als Zwischenstreit behandelt wird.[3])

Zwar ist zuzugeben, daß der Zwischenstreit des § 217 der R.C.P.O. in mehrfacher Beziehung von den allgemeinen, über den Zwischenstreit gegebenen Regeln abweicht. Es wird zur Aufnahme und zugleich zur Verhandlung der Hauptsache geladen. Bleiben aber die Rechtsnachfolger im Termin aus, so wird nicht etwa Versäumnißurtheil zur Hauptsache erlassen, sondern entgegen der Vorschrift des § 312 Abs. 2 Versäumniß-Zwischenurtheil, obwohl der Termin nicht lediglich zur Verhandlung über den Zwischenstreit anberaumt war. Auch lautet das Versäumniß-Zwischenurtheil in Abweichung von den allgemeinen Regeln dahin, daß das Verfahren von den Rechtsnachfolgern aufgenommen sei.[4])

Aus diesen Besonderheiten erklärt es sich wohl auch, daß in § 462 der R.C.P.O. der Zwischenstreit und der Streit über Auf-

---

[1]) Vergl. §§ 82 und 223 der R.C.P.O. und Motive S. 177.

[2]) Der § 219 des hannöv. Entwurfs brachte dies zum Ausdruck, indem er bestimmte, daß „der behauptete Wechsel in der Person der Partei als zugestanden angenommen werden solle".

[3]) Vergl. oben § 12 a. A. und § 8 a. E., § 217 Abs. 2—4 der R.C.P.O. und Fitting a. a. O. S. 123.

[4]) Nach § 312 Abs. 2 sollen auf das Versäumnißverfahren im Zwischenstreit und das Versäumniß-Zwischenurtheil die Vorschriften über Versäumnißurtheil entsprechende Anwendung finden. Das allgemeine Präjudiz für Versäumniß des Beklagten ist aber „Zugeständniß der thatsächlichen mündlichen Behauptungen des Klägers". Im Zwischenstreit des § 217 wird aber die Rechtsnachfolge für zugestanden angenommen.

nahme eines unterbrochenen oder ausgesetzten Verfahrens nebeneinander genannt sind. Aus letzterem Umstande aber zu schließen, daß also der Begriff des Zwischenstreites den Streit über die Aufnahme des Verfahrens nicht mit umfasse, halte ich für um so weniger gerechtfertigt, als es dem § 462 offenbar nur darauf ankam, einige Beispiele für Ladungen einer Partei im Laufe des Rechtsstreites beizubringen und man dem Gesetzgeber den Vorwurf, sich den Begriff des Zwischenstreites nicht genügend klar gemacht zu haben, schwerlich wird ersparen können. Denn wie hätte der Gesetzgeber sonst neben dem Zwischenstreit die Streitverkündigung und die Intervention nennen können, Fälle, die doch sicherlich als Zwischenstreite anzusehen sind![1])

Auch wüßte ich in der That nicht, wie man sonst den § 217 der R.C.P.O. auffassen sollte, wenn nicht als Zwischenstreit unter den Parteien. Freilich erklärt Gaupp[2]) den „abgewiesenen Antrag" auf Wiederaufnahme für eine selbständige Klage auf Feststellung der Rechtsnachfolge. Zunächst ist jedoch nicht abzusehen, was das Beiwort „abgewiesen" bedeuten soll. Das Resultat der Abweisung oder Nichtabweisung kann doch für die Natur des Antrags nicht von Bedeutung sein. Ferner aber müßte ja bei dieser Auffassung Gaupp's die Rechtsnachfolge rechtskräftig festgestellt werden. Allerdings wird nun vom 1864er Entwurf[3]) dem Gericht freigestellt, den Streit über die Rechtsnachfolge durch Präjudicialurtheil zu erledigen, woraus sich ergibt, daß die Gaupp'sche Auffassung im Sinne dieses Entwurfs lag. Mit dem Princip der R.C.P.O. über den Umfang der Rechtskraft läßt sich aber die Auffassung von Gaupp nicht vereinigen.[4])

---

[1]) Das Beispiel der Intervention ist übrigens erst durch die Justizcommission beigefügt worden. Kommissionsprotocolle S. 205.

[2]) a. a. O. Bem. VI zu § 217 der R.C.P.O. Gaupp spricht freilich in demselben Zusammenhang auch von Zwischen- und Nebenstreit!

[3]) § 770 a. a. O.

[4]) Auch Meyer (Anleitung zur Proceßpraxis S. 116) faßt den Streit über die Erbenqualität bei der Aufnahme des Verfahrens als einen Zwischenstreit auf. — Nach § 13 des R.G. v. 21. Juli 1879 (betreffend die Anfechtung von Rechtshandlungen eines Schuldners außerhalb des Concursverfahrens) soll der § 217 der R.C.P.O. analoge Anwendung finden, wenn der Concursverwalter, auf welchen bei Concurseröffnung über das Vermögen des Schuldners die Verfolgung der von Concursgläubigern erhobenen Anfechtungsansprüche übergeht, die Aufnahme eines solchen schwebenden, jedoch durch die Concurseröffnung unterbrochenen Anfechtungsprocesses verzögert.

M. E. enthält also in der That der § 217 der R.C.P.O. einen Zwischenstreit unter den Parteien. Inhalt dieses Streites ist aber nicht allein die Verpflichtung zur Fortsetzung des Verfahrens, sondern zugleich die Frage, ob die betreffenden Personen Rechtsnachfolger der verstorbenen Partei geworden sind.

Daraus ergibt sich für die Frage, in welchem Moment die Parteirolle auf die angeblichen Rechtsnachfolger übergeht, einmal, daß der Uebergang der Parteirolle bereits in einem früheren Zeitpunkt als dem der Entscheidung des Zwischenstreites des § 217 der R.C.P.O. statt gehabt haben muß, — denn wie könnte man sonst im Fall des § 217 von einem Zwischenstreit unter den Parteien reden — und ferner, daß Jemand, bevor die Zweifel, ob er wirklich Universalsuccessor des Verstorbenen war, gelöst sind, Partei werden kann. Erinnert man sich nun an Bülow's überzeugende Ausführungen über die Fiction der Litiscontestation und der Einlassung, nach welchen der Proceß durch die einseitige Klageerhebung zu Stande kommt und also der als Beklagter in Anspruch Genommene durch diese Handlung seines Gegners auch Partei wird,[1]) so unterliegt es m. E. keinem Bedenken, für das Parteiwerden der angeblichen Rechtsnachfolger einer verstorbenen Partei, möge nun letztere die Kläger oder Beklagtenrolle innegehabt haben, das Gleiche zu behaupten. Sobald also die Partei Jemanden als Universalsuccessor des verstorbenen Gegners behufs Aufnahme des Verfahrens

---

[1]) Archiv für die civil. Praxis Bd. 62 S. 11 ff., besonders S. 22: „Die Proceßbegründung, der Eintritt in das processualische Sachverhandlungs- und Aburtheilungs-Verhältniß ist nicht von der Mitwirkung des Beklagten abhängig." Für Bülow hat sich Eccius erklärt (in den Beiträgen für deutsches Recht Bd. 23 S. 734). Gegen Bülow's Autorität fällt die von Wach in die Wagschale (Wach in Grünhut's Zeitschrift für das Privat- und öffentl. Recht der Gegenwart Bd. VII S. 130—172). Wach führt aus, daß nicht die einseitige Klageerhebung, sondern erst die Einlassung des Beklagten, welche nöthigen Falles erzwungen werde, den Proceß begründe. Denn erst mit diesem Zeitpunkte seien beide Parteien, Kläger sowohl wie Beklagter, in den Streit hineingebunden. Der Kläger könne von nun an die Klage ohne Einwilligung des Beklagten nur zurücknehmen unter Verzicht auf seinen Anspruch und der Beklagte sei ebenfalls zum Ausharren im Streit verpflichtet. Aber Wach wird doch zugeben müssen, daß auch vor diesem Zeitpunkt schon eine bedingte Gebundenheit vorhanden sei. Und wenn dies, wie ich glaube, nicht geleugnet werden kann, so sehe ich nicht ein, weshalb man nicht mit Bülow auf diesen Moment des bedingten Gebundenseins den Zeitpunkt der Proceßbegründung

und Verhandlung zur Hauptsache laden läßt, ist er Partei geworden, auch wenn er gar nicht Successor ist.

Dabei ist es freilich nicht ganz consequent, wenn das Gesetz nun vorschreibt, daß im Fall der Säumniß des angeblichen Rechtsnachfolgers an Stelle des Versäumnißurtheils zur Hauptsache nur Versäumniß-Zwischenurtheil dahin soll erlassen werden dürfen, daß das Verfahren von den Rechtsnachfolgern aufgenommen sei. Nach den Motiven[1]) haben Zweckmäßigkeitsrücksichten zu dieser Bestimmung geführt, welche offenbar mit Rücksicht auf die Person des angeblichen Rechtsnachfolgers getroffen ist. Der hannöverische Entwurf[2]) hielt sich von dieser Inconsequenz frei, indem er nach Lage der Sache auch zugleich ein Erkenntniß in der Hauptsache gestattete. Denn eine Inconsequenz wird man die fragliche Bestimmung um deswillen nennen müssen, weil gar nicht abzusehen ist, weshalb in dem umgekehrten Fall, wenn die angeblichen Rechtsnachfolger sich zur Aufnahme melden, indem sie dem Kläger einen Schriftsatz mit entsprechender Begründung zustellen lassen, beim Ausbleiben des Klägers nicht ebenfalls zunächst durch Versäumniß-Zwischenurtheil die behauptete Rechtsnachfolge für festgestellt sollte erachtet werden müssen. Und doch wird in solchem Fall, Mangels einer entsprechenden Gesetzesbestimmung, sofort Versäumnißurtheil zur Hauptsache zu erlassen sein.

Ich gehe nun

b) zu den Fällen über, in den das Gesetz eine Uebernahme der Parteirolle gestattet, was entweder bei der laudatio auctoris

---

verlegen soll. Dies scheint mir auch ganz im Sinne der R.C.P.O. zu sein. Denn offenbar kann schon vor dem Moment der Einlassung des Beklagten ein Zwischenstreit unter den Parteien vorliegen. Käme aber der Hauptproceß erst mit der Einlassung des Beklagten zu Stande, so hätte man einen Zwischenproceß unter den Hauptparteien, bevor noch der Hauptproceß zu Stande gekommen war.

[1]) Seite 176.

[2]) § 219: Erscheint die zur Wiederaufnahme des Verfahrens vorgeladene Partei nicht, so ist auf Antrag der Gegenpartei auszusprechen, daß das Verfahren als wiederaufgenommen gelte; hierbei ist, wenn es sich um eine Unterbrechung durch den Tod einer Partei oder durch den Verlust ihrer Befugniß zur Proceßführung über den Streitgegenstand handelt, der behauptete Wechsel in der Person der Partei als zugestanden anzunehmen.

Nach Lage der Sache kann zugleich in der Hauptsache erkannt werden.

durch den Benannten, oder bei der Veräußerung einer res litigiosa durch den Erwerber derselben, oder durch den Erwerber des Grundstücks, an welches activ oder passiv das streitige Recht geknüpft ist, geschehen kann.[1])

Bezüglich der laudatio auctoris deutet schon der Wortlaut des § 73 der R.C.P.O. („an dessen Stelle den Proceß zu übernehmen") darauf hin, daß der Auctor vor der Uebernahme noch nicht Partei ist. Der Kläger macht ja seinen Anspruch gegen den Detentor geltend, und der Umstand, daß er auch berechtigt gewesen wäre, gegen den Auctor zu klagen, macht den letzteren noch nicht zur Partei. Diesen Effect hat auch nicht seine Benennung Seitens des Detentors. Denn wenn dies der Fall wäre, müßte ja auch ohne Eintritt des Benannten in den Proceß das Urtheil auf seinen Namen gefällt werden. Das ist aber bekanntlich nicht der Fall; vielmehr geht, wenn der Benannte sich nicht erklärt, der Proceß gegen den Beklagten weiter und nur gegen ihn richtet sich auch das Urtheil. Vor der Uebernahme des Processes Seitens des Benannten, welche durch mündliche Erklärung in einem hierzu anberaumten Termin zu erfolgen hat,[2]) kann also zwischen dem Benannten und dem Kläger von einem Zwischenstreit unter den Parteien gar nicht die Rede sein. Deshalb sind alle Streitigkeiten, welche auf Beseitigung eines der Uebernahme entgegenstehenden Hindernisses, z. B. auf Erzwingung der vielleicht erforderlichen Einwilligung des Beklagten oder Klägers, gerichtet sind, nicht Zwischenstreitigkeiten unter den Parteien. Erklärt aber der Benannte ordnungsmäßig und nöthigenfalls unter Zustimmung des Beklagten beziehentlich Klägers die Uebernahme, so ist er nunmehr Partei geworden, der beklagte Detentor aber aus dem Proceß

---

[1]) Das Gesetz unterscheidet genau zwischen der Uebernahme des Processes und der Aufnahme des Verfahrens. Wo entweder eine ipso iure eintretende Succession in den Proceß als Partei vorliegt, oder wo ohne Aenderung in den Proceßsubjecten eine Unterbrechung des Verfahrens eintrat, haben wir es behufs Fortsetzung des Processes mit einer Aufnahme des Verfahrens zu thun. Wo sich aber der Eintritt einer Person in den Proceß als Partei nicht ipso iure vollzieht, spricht die R.C.P.O. von einer Uebernahme des Processes als Hauptpartei. §§ 217, 218, 221 Abs. 2 und 223 Abs. 2, ferner §§ 73 Abs. 3, 236 Abs. 2 und 237 der R.C.P.O.

[2]) Vergl. Gaupp a. a. O. Bem. IV zu § 73 der R.C.P.O.

ausgeschieden. Zur besseren Declarirung seines Ausscheidens kann Letzterer aber auch noch verlangen, daß er ausdrücklich von der Klage entbunden werde. Der Streit darüber, ob der ursprüngliche Beklagte von der Klage zu entbinden sei, hat also zugleich zum Inhalt die Frage, ob eine gültige Uebernahme des Processes durch den Benannten stattgefunden habe.

In ähnlicher Weise, wie die Uebernahme des Processes durch den Benannten, ist auch die Uebernahme durch den Erwerber einer res litigiosa in § 236 der R.C.P.O. geregelt. Der Rechtsnachfolger wird durch die im Termin zur mündlichen Verhandlung abgegebene Erklärung, den Proceß an Stelle des Veräußerers übernehmen zu wollen, Partei, wenn der Gegner zustimmt.

Anders liegt die Sache, wenn der Erwerber eines Grundstücks, mit welchem activ oder passiv ein in Streit befangenes Recht verknüpft ist, an Stelle des Rechtsvorgängers den Proceß übernimmt, wozu er nach § 237 der R.C.P.O. berechtigt und auf Antrag des Gegners verpflichtet ist. Hier hört natürlich mit dem Zeitpunkte der Uebernahme der Rechtsvorgänger auf, Partei zu sein, und der Rechtsnachfolger wird Partei. Aber es fragt sich, wann denn die Uebernahme als geschehen angesehen werden müsse? Bei Beantwortung der Frage wird man zu unterscheiden haben, ob der Grundstückserwerber freiwillig den Proceß übernimmt, oder ob der Gegner die Uebernahme Seitens des Grundstückserwerbers betreibt. Was den ersteren Fall anbelangt, so wird man, obwohl es einer Einwilligung in die Uebernahme von keiner Seite bedarf, dennoch verlangen müssen, daß der Rechtsnachfolger die Uebernahme im Termin zur mündlichen Verhandlung erkläre. In diesem Termin muß er den Gegner unter Zustellung eines Schriftsatzes, welcher die zur Begründung der Rechtsnachfolge nöthigen Thatsachen und die Erklärung der Proceßübernahme enthält, laden lassen. Bleibt aber der Proceßgegner in diesem Termin aus, so wird man dem angeblichen Rechtsnachfolger die Erlassung eines Versäumnißurtheils zur Hauptsache gestatten müssen, da es nicht angeht, den § 217 der R.C.P.O. hier analog zur Anwendung zu bringen.[1]) Daraus ergibt sich, daß die einseitige, ordnungsmäßig abgegebene Erklärung, man übernehme den Rechtsstreit als Rechts-

---

[1]) Vergl. Seuffert a. a. O. Bem. II zu § 237, Gaupp a. a. O. Bem. II zu § 237 und Endemann zu § 237 S. 28.

nachfolger, bereits die Succession in die Parteirolle bewirkt. Andererseits, wenn der Gegner die Uebernahme durch den Grundstückserwerber verlangt, so wird man keineswegs für den Uebergang der Parteirolle die Erklärung des Rechtsnachfolgers, er übernehme den Proceß, fordern dürfen. Vielmehr genügt es ebenfalls, wenn der Gegner den angeblichen Rechtsnachfolger zur Uebernahme des Processes und Verhandlung zur Hauptsache ordnungsmäßig laden läßt. Bleibt der Rechtsnachfolger aus, so wird er auf Antrag in der Hauptsache contumazirt.

Man wird hiernach für alle Fälle der Succession in die Parteirolle den allgemeinen Grundsatz aufstellen können, daß die substantiirte und formgerecht abgegebene Behauptung einer Partei, Jemand sei Partei oder zur Uebernahme der Parteirolle verpflichtet, mit andern Worten, das Vorgehen einer Partei gegen eine andere Person als Partei, diese zur Partei mache, und daß umgekehrt Jemand durch sein Auftreten im Proceß als Successor einer Partei zur Partei werde.

Daraus ergibt sich aber, daß der Streit über die Parteiqualität schon ein Streit unter den Parteien ist. Wenn Jemand z. B. als Rechtsnachfolger des Beklagten im Besitze des fraglichen Grundstücks nach § 237 der R.C.P.O. in Anspruch genommen wird und er erscheint im Termin unter Bestreitung seiner Rechtsnachfolge, so ist der Streit hierüber ein Parteienstreit. Seinen Inhalt bildet aber nicht die Frage, ob Jemand Partei geworden sei, sondern vielmehr die, ob er Partei bleiben dürfe oder müsse.

Wenn dies aber richtig ist, so kann man die Frage, ob dieser Streit auch ein Zwischenstreit unter den Parteien sei, nicht einfach dahin beantworten, daß die Parteiqualität einer Person schon unumstößlich feststehen müsse, ehe man von einem Zwischenstreit unter den Parteien reden kann. Vielmehr habe ich schon ausgeführt,[1]) daß das Gesetz den Streit über die Wiederaufnahme eines unterbrochenen Verfahrens durch die Rechtsnachfolger einer verstorbenen Partei als einen Zwischenstreit unter den Parteien behandelt. Dieser Umstand aber darf uns m. E. bestimmen, für

[1]) Vergl. oben S. 107—109.

die Fälle der Uebernahme des Processes eine in gleicher Weise bejahende Antwort zu geben.[1])

Freilich umfaßt der Streit darüber, ob der Uebernehmer wirklich zur Uebernahme des Processes berechtigt, beziehentlich verpflichtet war, auch Streitpunkte, welche wir bereits in das Gebiet der selbständigen Angriffs- oder Vertheidigungsmittel verwiesen haben, z. B. die Frage, ob bei Veräußerung einer res litigiosa der Uebernehmer wirklich Singularsuccessor des Veräußerers geworden sei. Denn es handelt sich sowohl im Fall des § 236 als in dem des § 237 der R.C.P.O. um die legitimatio ad causam activa beziehentlich passiva. Freilich läßt sich ferner nicht behaupten, daß dies bei den Universalsuccessoren einer verstorbenen Partei ebenfalls zutreffe. Denn man kann Universalsuccessor einer verstorbenen Partei und doch weder activ noch passiv legitimirt sein, weil es gar nicht nothwendig ist, daß die verstorbene Partei selbst activ oder passiv legitimirt war. Sachlegitimation und Parteiqualität decken sich eben keineswegs.

Aber insofern stehen die Fälle der §§ 236 und 237 mit dem des § 217 der R.C.P.O. doch jedenfalls gleich, als bei Entscheidung der Rechtsfolge stets die Anwendung eines dem materiellen Rechte angehörenden Rechtssatzes (über die Rechtsnachfolge) in Frage steht. Und das ist m. E. das Ausschlaggebende. Denn wenn nach dem Gesetz, obwohl die Anwendung eines materiellen Rechtssatzes dabei in Frage kommt, in § 217 die Nothwendigkeit eines Zwischenstreites vorliegt, so ist doch nicht abzusehen, weshalb man bei den ähnlich liegenden Fällen der §§ 236 und 237 der R.C.P.O. die Unmöglichkeit eines solchen behaupten sollte.

Endlich kann man mir nicht vorwerfen, daß mit dieser Auffassung meine Definition des Zwischenstreites als eines Streites über Thatsachen als Voraussetzung für die Anwendung einer Proceßrechtsregel unverträglich sei. So lautet z. B. die Proceßregel in § 236 der R.C.P.O.: „Der Rechtsnachfolger ist nicht berechtigt,

[1]) Demgemäß ist der Streit über die Aufnahme des Verfahrens durch die Rechtsnachfolger einer verstorbenen Partei, ferner darüber, ob die Uebernehmer der Parteirolle nach den §§ 236 und 237 der R.C.P.O. wirklich zur Uebernahme berechtigt waren, ein Zwischenstreit unter den Parteien. Auch der Streit über die Entbindung des Beklagten von der Klage nach § 73 Abs. 4 ist hierher zu zählen. Vergl. oben S. 113.

ohne Zustimmung des Gegners den Proceß als Hauptpartei an Stelle des Rechtsvorgängers zu übernehmen." Die Voraussetzungen für eine endgültige Uebernahme des Processes sind also „Rechtsnachfolge" und „Einwilligung" des Gegners. Die erstere Voraussetzung nöthigt zwar zur Anwendung eines materiellen Rechtssatzes, welcher entscheidet, wann Jemand Rechtsnachfolger werde. Aber dieser materielle Rechtssatz kommt doch selbst nur als Voraussetzung für die Anwendung der Proceßrechtsregel in Betracht, und das ist das Wesentliche.

Wir haben es in § 236 nicht lediglich mit einem Streit über die Sachlegitimation zu thun. Es ist nicht ein Einwand, welcher bei definitiv anerkannter Parteiqualität der Streitenden gemacht wird, um eine Beendigung des Processes (z. B. eine Abweisung des Klägers) herbeizuführen, sondern es handelt sich einzig und allein um die Frage, ob Jemand Partei bleiben dürfe oder müsse. Und einzig und allein als Voraussetzung der Entscheidung dieser rein processualischen Frage kommt die Sachlegitimation in Betracht. Ist die Sachlegitimation gemäß der §§ 236 und 237 der R.C.P.O. nicht vorhanden, so ergeht nun keineswegs ein den Proceß beendigendes Urtheil, sondern entweder geht der Streit zwischen den ursprünglichen Parteien weiter, oder im Fall des § 237 der R.C.P.O. bleibt er in der Lage, in welcher er sich vor der Uebernahme befand, bis die betreibende Partei den wirklichen Grundstückserwerber entdeckt hat.

Endlich aber befindet sich meine Auffassung mit der von mir aufgestellten Definition der selbständigen Angriffs- oder Vertheidigungsmittel in vollkommenem Einklang. Denn nicht um thatsächliche Anführungen als Voraussetzung für die Anwendung eines materiellen Rechtssatzes, welche die Parteien zur Begründung oder zur Bekämpfung des in Streit befangenen Anspruchs vorbrachten, handelt es sich hier. Vielmehr soll der Anspruch zunächst gar nicht bekämpft werden, sondern nur die Parteiqualität in dem oben angegebenen Sinne, also eine processualische Eigenschaft.

Materielle Rechtssätze als Voraussetzung für die Anwendung einer Proceßrechtsregel sind also nicht zu den selbständigen Streitmitteln zu zählen. Ebensowenig sind sie aber für sich allein Zwischenstreitspunkte, sondern nur in Verbindung mit der Proceßregel, für deren Anwendung sie die Voraussetzung bilden.[1])

[1]) Die Hauptfälle, in denen die Anwendung des materiellen Rechtssatzes als Vorbedingung für die Anwendung einer Proceßrechtsregel erscheint, zeigen sich bei der Succession in die Parteirolle. Doch gehört z. B. ebenfalls hierher der Streit um die Urkundenedition. Denn die Voraussetzung der Editionspflicht ist, daß der Beweisführer auch nach den Vorschriften des bürgerlichen Rechts die Herausgabe der Urkunde oder deren Verlegung auch außerhalb des Processes verlangen kann. § 387 Nr. 1 der R.C.P.O., vergl. auch § 8 S. 74.

Papier | Fördert gute Waldnutzung
FSC® C083411

Kolibri 360 GmbH
Ferdinand-Jühlke-Straße 7
99095 Erfurt, Deutschland
produktsicherheit@kolibri360.de